〈神道〉のこころ

葉室頼昭
Hamuro Yoriaki

春秋社

はしがき

先日、世界一大きいと言われている伊勢の鳥羽水族館の館長さんが書かれていることに目がとまりました。その館長さんは、新しく社員が入社すると決まって「きみはなぜ水族館の職を選んだのか」と聞くそうです。そうするとたいてい「私は動物が好きだからここで働きたいと思った」と答えるそうです。そこで館長さんが「だけど、それだけでは本当の飼育係にはなれないよ。きみが動物好きであることは結構だけど、逆に、動物の方からも飼育係を選ぶ権利があるんだよ」というそうです。単に動物が好きだというだけでなく、動物からも好かれる人でないと真実の飼育係にはなれない、そう館長さんがおっしゃっていることを知り、私はこれこそ現代の人間の生きる道ではないかと思いました。

現代のわれわれは、あまりにも人間の知識というものを重視し発達させたために、何でもかんでも自分の知識で物事を判断することが正しいと信じています。良いとか悪いとか、得するとか損するとか、人間中心で、そのような人間の知識を盲信し生活を続けた結果、現在のような乱れた世の中になってしまったのではないかと思うのです。私たちにとって、今一番大切なことは、人間としてこの世に生まれてきた原点に戻り、人間が今までに行ない、積み上げてきた知識を一度すべて取り払い、改めて「自然」という立場から物事を見、学ぶことではないでしょうか。

学生時代、当時、不治の病いともいわれた肺結核が突如「消え失せる」という神秘な体験をした私は、その後、医療の世界に携わりながら、この不思議で驚くべき私の体験がいったいどうして起こったのか、その答えを探究し続けてきましたが、またそれは同時に、本当のこと、人間としてどのように生きていくことが真実の幸せなのかを求める日々でもありました。

医者として四十年を過ごし、そして春日大社の宮司となって、二十年に一度の大儀式、式年造替を奉仕したころから、これまでの人生で私がずっと思い悩み、考え続けてきたことの本質がようやくまとまり、見えてきたのです。

そんな折り、奇遇にも春秋社の神田明社長・佐藤清靖編集長から出版のお話しがあり、インタヴューをもとに何とか一冊の本にまとめることができました。

正直に申しあげて、ここに書かせていただいたことは、私が体験し、そして解明できたことのほんの一部でしかなく、伝えたいことの何分の一でもありません。なぜなら、世の中の真実というものが、目に見えない世界に存在するものであり、言葉で説明するというよりも、実際に体験して初めて理解できることであるからです。とはいえ、本書を通して読者の皆さまがその一端にでも触れていただくことができるならば、喜びこれに過ぐるものはありません。

宇宙はすべて循環とバランスの世界、生きとし生けるもの一切と共に生きる人間世界。本当の生き方に目覚め、ほんの少しずつでも真実の世界に近づくことができるよう、一歩一歩、歩んでいきたいと思います。それこそが、〈神道〉を生きることにほかならないと思うからです。

最後になりましたが、本書刊行にあたって、改めて春秋社の神田社長、佐藤編集長はじめ関係の皆さまに深く感謝申しあげます。

平成九年九月

葉室頼昭

〈神道〉のこころ

目次

第三章　神道のこころ

〈神道〉のこころ

第一章　医者から宮司に——わたしの半生

春日大社・中門と紅梅（川本武司撮影）

公家の家に生まれて

――宮司はたしか、公家のご出身で、東京は学習院育ちでございましたね。

ええ。自分ではまともだと思っていたんですが、結婚して、家内があなたは違うと言うんです。手紙を書いたり、なんやかんやすると、あなたのはおかしいというので、全部家内が、直して書いたんです。どこが違うのか私にはよくわからなかった。私は昔の公家の家に生まれて、われわれの時代は学習院といったら、公家とか大名の華族の子弟ばかりがいるわけでしょう。世間から見れば特別な社会の人ばかりが集まった学校ですけれども、そのなかでも私の家は格別で、自分では気がつかなかったけれども、公家のなかでも何か違った家でした。

私の家はどういうわけか男が育たない家で、男の子が生まれるんだけれども、みんな若くして死んでしまう。おじいさんも、親父も皆養子なんです。おばあさんは十三人兄弟ですけれども、十三番目の一番下の女の子であるおばあさんが養子をむかえて家の跡を取ったという、まか不思議なことが起きた。上の男の子が全部死んでしまったんですね。

私は五人兄弟で、上に姉が二人いて、三番目に男の子が生まれた。そういうことがあるものだから、どうしても私を育てなければいけないというので、私だけを母が二十四時間そばに置いたわけです。

それで何をやったかというと、信心なんです。神社へお参りしたり、お寺へ行って、お坊さんの話を聞いたり、そんなことばかり小さいころからやらされて、何でもかんでもおふくろが神さまのおかげ、仏さまのおかげと、耳にたこができるほど聞かされて育ったんです。そういうことが非常に人生に影響したと思います。だからおふくろが私に「勉強しなさい」ということは一言も言ったことはない。勉強よりも健康が大切だというので、学校へ入っても外で遊んできなさいと言うので、いい気になって勉強をしないから、成績はクラスのびりのほうでした。

けれども子どものときからなぜか知らないけれども、なんでもいいから世界一という自信を持ちたい、そう思ったんです。だけど僕は頭が悪いし、世界一どころかクラス一にもなれないし、クラスのびりだったし、スポーツだってそんなに得意じゃない。クラス一にもなれないのに世界一なんかはなれっこない。だけど何か自分は世界一になりたい、競争というのではないんだけれども、これだけは世界のだれにも負けないという自信を持ちたいと思っていました。

なぜそうなのかよくわからないんですけれども、葉室家[*1]というのは何か特別な家でした。

その長男だということで、ずいぶん小さいときから周りの人から葉室家の御曹司、昭さま

——私の名前は頼昭といいますから——、と育てられたんです。どこへ行っても昭さま、昭さまで特別扱いされてきた。僕は子どものときからどこへ行っても葉室家の御曹司と言われる。葉室家の御曹司を取り除いてしまったら、いったい僕は人間としてどんな値打ちがあるのかと子どもごころにも思ったことがあります。

そういう意味もあって、私は葉室家の御曹司を除いて、私個人としてどれだけの力があるのか、値打ちがあるのかということを考えて、そういうところからも何とかして世界一の自信を持ってみたいと、思っていました。

——葉室家は藤原氏の系統の貴族ですね。

そうです。藤原一門です。葉室という家が置かれたのは平安時代の末期ですから、だいたい九百何年続いているわけです。それでもなぜ特別なのかわからない。歴史上の事実だけではなくて、何かいっぷう変わった家でした。もともと天皇家の神事、政治の宗教的なことに携わった家です。お寺でも神社でも天皇家の代理として、そういうものをずっと明

1 **葉室家** 藤原氏中最も栄えた北家の勧修寺家流の内大臣、藤原高藤の系統で、参議為房の次男権中納言顕隆（号葉室中納言）を始祖とする。その孫である光頼が山城国葛野郡葉室の地に別荘を営んだところから、これを家名とした。

治までやっていた家柄なんです。

公家というのは貧乏華族です。大名と公家では全然石高が違うんです。公家では九条家とか近衛家などの五摂家[*2]が最高ですが、それでもだいたい三千石ぐらいなんですね。武家で言えば旗本クラスです。だから財政的には大名とは比較にならない。私の家は伯爵でしたけど武士で言えば百八十石くらいです。だから金銭的にいうと、下級武士くらいの値打ちしかないわけです。本当に裕福じゃなかった。ところが、私の家だけは貧乏公家のくせに金を持っているんですよ。なんで持っているのか、それがよくわからない。おじいさんからよく、「うちは特別なんだ」と言われたけれども、なぜだかよくわからなかった(笑)。

ちなみに、私がこういう道に入った大きな原因は、母がいま言ったように信心深かったということも大きいんだけれど、もう一つは私の祖父の存在です。それが私にものすごく影響している。祖父は陸軍の軍人で、幼年学校、士官学校、陸大を出た生粋の軍人です。まじめで、ラジオから君が代でも聞こえてきたら、直立不動、家のなかでも動かない。そういう人でしたが、おじいさんが家で怒ったのは見たことがない。どんなことがあっても怒らない人でした。私は学校から帰ったら、毎日おじいさんからいろいろな話を聞くのが楽しみでした。信心深くて、朝は何を祈っているのか知らないけれど、長い間神棚に手を合わせて、それから出掛けていく。食事のときも、お祈りしてから食事をする。子どもごころに、信仰深い、すごいおじいさんだと思っていたわけです。

そのおじいさんがちょうど僕が中学四年くらいのときに死んだんです。昔だから家の座敷に寝ていて亡くなったんだけど、その死に方を見て、僕は本当にすごいなと思った。いまでも覚えているんだけれど、大往生でした。だから信仰深い人はこんなすばらしい死に方をするのかと、僕は感激したんです。

——枯れ木が倒れるように、非常に安らかに死んでいった。

ええ、大往生。いわゆる眠るがごとくという、老衰してというのではない。軍人だから堂々たる体格をしているわけでしょう。昨日まで話していて、翌朝から眠りだして、大往生で死んでいった。それを僕は見ていたわけです。僕も死ぬときはあんな死に方をしたいと、子どもごころにそう思った。いまでも思っているんだけど、死ぬときはおじいさんのような死に方をしてみたいと思う。そういうことが、僕の人生に大きな影響を与えています。

——お父上は?

2　**五摂家**　鎌倉時代中期以後、藤原氏北家の中で摂政・関白に就任する、五家のこと。近衛、鷹司、九条、二条、一条の各家。

親父は養子で、佐賀の鍋島藩、殿さまの家から葉室家始まって以来、武家から養子に来たんです。ところが武家と公家は昔から仲が悪い。武家は実力を持っているでしょう。公家は実力がないくせに威張っている。おじいさんも養子なんです。だけどおじいさんは公家から来ているから、葉室の家にすぐになじんだ。ところが親父は武家から来ているものだから、そうはいかなかったんですね。子どもの目から見ても、親父だけは別の生活をしている。茶碗から何から、全部鍋島焼きのものを持ってきていて、鍋島の食事をしている。僕たちは公家の食事をしている。おじいさんから全部、公家というのは質素だから。ところが親父だけは別なんです。なんで親父だけはこんな食事をするのかと（笑）。

——お母さんとお父さんの間はうまくいっていたんですか。

おふくろは昔の女だから、内面はどうか知らないけれども、おふくろが喧嘩してどうこうというのは見たことがなかったですね。

親父は明治の人間だから、毎日仕事に行って帰りが遅く、時には飲んで帰ることもよくあった。母はわれわれ五人の子どもを寝かせ、特に小さかった弟を側で寝かせていたけど、母の寝巻き姿を見たことがない。父が何時に帰ってきても、玄関に出て「お帰りなさいませ」と出迎えていて、いっぺんも「今まで何していたのよ」などと小言を言ったのを聞いたことがない。今とはだいぶ違いますね（笑）。子どもはみんなそれを見ていたので、母は偉大だと思ったし、大人になったら母を大切にしようとわれわれ兄弟はみんな思いました。

親父は葉室の家の習慣に従うことをことごとく嫌った。自分の武家の生活を押し通そうとしたわけです。

——お仕事は何をなさっていたんですか。

銀行にいたんですよ。昔の安田銀行、いまの富士銀行にずっといました。それがすごい社員なんです。当時、安田銀行で自家用の車を持っていたのは、会長の安田さんと親父だけなんですよ。親父は入りたての新入社員、それが外車で銀行まで行くんです（笑）。親父は鍋島から来たとき、すごい財産を持ってきているわけです。一番下っ端社員が外車で乗りつけるんだから、すごいことだったんですね（笑）。

あの当時はゴルフをする人は少ないのに親父は、おふくろを連れてゴルフに行ってました。おふくろは行くまでは着物を着ていて、ゴルフ場でゴルフのウエアに着替えてやるんです。子どものときのことをいまだに覚えていますが、おふくろは嫌がっていたけど、それでもやっていました。そんな贅沢な生活を親父はやっていたわけです。

学習院時代

そんなことでちやほや育てられた。学習院というのは、昔から小学校から中学校、高校とエスカレーターでいくわけです。だから小学校からクラスは同じです。友だちは高校まで同じ友だちがずっと上までいくわけです。

――戦前の学習院ですね。

高校までいってしまうんですから、世間でいう受験勉強なんてないわけです。学習院は世間から見たら非常に閉鎖的な特殊社会だから、封建的な社会かと思われたりするんだけれども、本当はそうじゃなくて全く自由な学校で、一人ひとりの個性を尊重する。そういう教育を受けていたわけです。だから先生も勉強しろとか言わない。小学生からその人その人が持っている特色を生かす教育をしていました。

――戦前の学校でそういう自由な校風を……。

それでもだんだん戦争が厳しくなって、そんなことばかり言っていられないので、とくにあのころは軍人志望が多かったですから、そういう教育を学習院でもやり始めましたが。

小学校を卒業して、中学に入った。同じクラスでもトップクラスの生徒と、びりクラスの生徒では差があまりにもありすぎる。同じクラスで追いつけない。僕はクラスで追っつけないどん尻にいたわけです。先生は戦争中だものだから、これではだめだということで、びりだけを集めて、放課後補習授業をやってくれていた。それでやっと進級する。

一年もびりっけつで、二年に進級したんだけど、学習院は二年になると昔は全寮制で、全員が寮に入れられた。

――全寮制だったんですか。

二年だけは全員寮に入れられたんです。そうすると授業が終わると、いまでいうクラブ活動、昔は部というんだけれど、何かの部に入らなければいけない。私は陸上競技部に入って運動して、五時ごろ終わって寮に帰ってきて、風呂へ入って、飯を食って、六時ごろから自習時間というのか、一つの部屋に集められて、そこで学校の予習、復習を毎日させられた。

そこへときどき先輩がわれわれにはっぱをかけに来るわけです。どういう先輩かというと、たいてい東大に入った先輩が来る。おまえらの勉強はなっていない。そんな勉強で東大に入ろうなんて思ったら、大きな間違いだぞとはっぱをかけに来る。

あるときに、世の中は生存競争なんだから、周りの友だちは友だちと思うな。友だちでも何人蹴落としたら東大に入れるかという、それぐらいの気構えでなければ東大なんか入れっこないとはっぱをかけに来た。私はよせばよかったんだけれど、私のおふくろからなんでも神さまのおかげ、仏さまのおかげといつも言われていますから、先輩、それは間違っているのではないか。神さま、仏さまは、友だちを蹴落とさなければ自分が幸せになれないというような、そんなふうに世の中をつくってはおられない。いま一生懸命勉強して、あとの結果は神さま、仏さまがちゃんと導いてくれるのだから、友だちを蹴落として幸せになるというのは間違っているのではないですかと言ったんです。そうしたら先輩からこてんぱんにやられて、首根っこをつかまれて、みんなの前で、見てみろ、こういうやつを世の中の敗北者と言うんだ、こういう真似をするなと言われたんです。

それでこんちくしょうと思って、そんなことを言うんだったら、僕の言うのが本当なのか、先輩が言うのが本当なのかやってみようじゃないかと思ったのが始まりで、そのまま私の人生を来てしまったんですね。

——そうですか。学習院の中学の二年といえば十四歳のころですね。

ええ、その時から私はいっさい競争ということをやめたんです。人と競争することはしない。ただ自分で努力する。結果は神さまにお任せしよう。そういう生活をしようとそのとき本当に思ったわけです。だから世界一になりたいと思いました。競争するということは、普通の人間とちょぼちょぼだから競争するわけです。大人が赤ん坊と競争するなんてばかなことは考えっこないですね。競争するということは、自分がほかの人間と同じレベルの能力しかないということなんだから、競争はやめよう。すべてを神さまに任せよう。神さまと一つになろう。人間相手じゃないんだから、競争するということはないはずだ。そうすれば世界一になれるかと思ったわけです。

一学期のときに先輩に言われて、二学期から、よっしゃ、やってやろうかとなった。あのころは学期末にはみんなを集めて、先生ははっぱをかけるために、成績のいい者から通知簿を渡していた。二学期の終わりになったら、僕がトップなんです。

先生がトップに僕に渡した。友だちが唖然としていた。あのばかがなんでトップなんだ(笑)。そのときは本当は僕はトップではなかったんです。一学年百十人くらいいて、そのなかに秀才クラスが十人くらいいた。とてつもない天才です。そういう学生が学習院にいたんです。ところがそういう連中のなかに僕が入ってしまったんです。

――すごいですね。

これは学習院始まって以来のことだというので、先生が僕をトップにして、葉室はトップではないけれども、努力したら、みんなもこれだけになれるんだぞ。これを見習って勉強しろというわけです。

僕がトップクラスに入った。そうしたらうちのおふくろが、昔の父兄会、いまのＰＴＡ

に行ったら、ほかのお母さんたちが、お宅の坊ちゃんはすごいですね、ものすごく勉強して、と言った。それを聞いて、おふくろがものすごく嬉しそうな顔をしていたんですね。それで、僕はそのときになるほどな、成績が良くなったらおふくろが喜んでくれるんだなって初めて知ったんです。それじゃあ、おふくろを喜ばすためにも勉強しようかと、それから本当に勉強した。平均点が百点から九十五点ぐらいの間の、十人くらい天才的に頭のいい連中がいた。だから零コンマいくつかの差しかない。そのなかに僕が入っていたわけです。頭がよくて入ったのではない。努力したんです。だから人の何倍も勉強しました。

——それこそ夜も寝ないで。

それこそ布団でも敷きっぱなしにして、ずうっとのべつまくなしに勉強しました。そうしなきゃ秀才に追いついていけないですからね。だから人には黙っていて、神さまのお導きだといって、それをやったわけです。それが習慣で、いまでものべつまくなし勉強する習慣がついてしまっています。それが苦痛でなくなってしまった。楽しみになってしまっています。

そのままいけたらよかったのだけれど、戦争がだんだんひどくなって、昔は今の高校というのがなくて、中学が五年あった。中学校の四年か五年のときに戦争が本当にひどくなって授業がなくなった。みんな学徒動員で、僕なんかは飛行機の部品づくりに工場へ行かされました。

それで中学校五年、それから旧制の高等学校。そのまま行ったわけですが、入っても授業なんかはない。あいかわらず工場で部品づくりです。戦争が終わったのが高校二年の時。いまの大学一年か二年くらいの頃ですね。

――昔の旧制高校は何年あったんですか。

三年です。高等学校に入るのが大変なんです。旧制のナンバースクールが一高から八高まで八つでしょう。そのほかに大阪だったら大高、大阪高等学校だとか、兵庫なら姫路高校とか、全部合わせても二十はないと思う。全国の中学生がそれに向かって進むわけです。すごい倍率で、高校に入るのは中学の一番、二番くらいでなければ入れなかった。そういうやつばかりが集まってくるわけでしょう。学習院は高等学校があったから、われわれはすっと行ってしまいましたけれど。

高校二年の八月十五日に戦争が終わった。そのとき学習院は空襲で校舎なんかは全部焼けてしまって、何にもない。バラックが建つまで授業がない。授業が始まったのが二年の終わりごろ。すぐ三年になって、あと一年で大学受験です。受かるわけがないんです(笑)。ほかの高校はそんなことをやっていないから、三年間勉強している。学習院は特別で、みんなの模範にならなければいけないというので、勉強しないで率先して工場へ行ったわけです。

戦争が終わったらもとの制度に戻った。受験戦争が始まった。高校三年の一年しか勉強していないから、全くわからない。それもどこを志望しようかなんていうのは、神さま任せだから考えていない。それでも僕は植物が好きだったから、東大の農学部に行こうかと思って勉強していたんです。

そうしたら姉が大阪の大野外科という大阪で一番大きな外科病院の院長のところに嫁いだわけです。あの頃というのは、東京と大阪はものすごく遠かった。もちろん新幹線も飛行機も何もないので、汽車でも十二、三時間かかったわけでしょう。私なんかは大阪なんて見たこともない。姉が嫁いだんだけれども、友だちも知り合いもいない、一人で淋しくて仕方がない。姉と私とは二つ違いで、いつも姉は私を可愛がってくれていた。だから私に大阪に来てくれないかというのです。

しかも病院が大きくて、義兄が男一人でやるのは大変だ。だから医学部に入って、医者になってくれないかと姉が言ってきたんです。

そうしたら母が、これは神さまのお導きなんだから、おまえ、行って、姉さんを助けてあげなさいと言った。それだけで阪大の医学部を受けることになったんです。

阪大医学部へ

――東京生まれ、東京育ちで大阪に行ったというのは、そういう理由なんですね。

だけど僕は阪大医学部なんて名前も聞いたこともないし、どこにあるのかも知らないし、無茶な話なんです（笑）。それでも受験間際になって願書を出すことになった。

学習院の事務へ行って、大阪大学の願書を取ってもらえますかと。ところが学習院で大阪大学の医学部を受けた人は一人もいない。そんな大学はどこにあるのか知らんと言うんです（笑）。それでも、学校からどうにか取ってもらって、願書を出したんだけれど、一年しか勉強していないでしょう。しかも医学部の勉強なんかしていないんだから、受かるわけがない。それでものの見事に浪人したわけです。

まいったなと思ったんだけれど、これも神さまのお導きなのかと思って、浪人して一年間やりました。その時ほどの苦しい勉強は僕は人生で経験したことがない。一年間で合格しなければならない。とにかく死にものぐるいで勉強しました。普通だったら東京にも大学はあるんだから、滑り止めでほかの大学、私立の大学とかを受ければいいんですが、母が必要ない、阪大だけでよろしい。おまえは阪大に入るんだから、ほかは受けなくてよろしいと。

――すごいお母さまですね。

ただ神さまのお導きというだけで受けた。僕ももしもここで受からなかったら、僕は高校で終わりかと思ったんだけど、母が受かるからと言う。それで受けたんです。

あのころは阪大では学習院の学生を見たことがない。僕が学習院の制服を着ていたでしょう。それで評判になってしまった。

ところが、二度目のとき、願書が出ていないんです。学習院に言って、大あわてで、ぎりぎりのところで出した。当然、受験番号はびりっけつのほうです。ところが、今までの統計でびりっけつで入ったやつはいないというんです（笑）。たいてい受験番号の新しいほうがみんな入っている。最後のこんな番号の受験生は入ったことはないという。でも、しょうがないからそれで受けたわけです。

そうしたらみんな珍しいものだから、試験が一科目終わると、周りの同じ番号ぐらいの高校生が集まってきて、答えを言い合うんです。それは僕をばかにするために来ている。いまの答えはなんだと言う。僕だけが答えが違う。

ところが、受験の発表があったら、受かっているのは僕だけで、周りの番号はだれも受かっていない（笑）。

――戦争が終わったとき、学徒動員で工場に行って敗戦を迎えられたということですが、そのへんについてはいかがですか。

本当だったら、特に学習院というのは皇室中心の学校だから、ショックを受けるはずなんです。本当はショックを受けるはずなんだけれど、それほどショックを受けなかった。というのは、東京だから毎日、空襲になったわけでしょう。だから夜、寝間着を着たことがない。いつも国防服にゲートルを巻いて寝ているわけです。くたびれ果てました。飯がないでしょう。毎日芋の葉っぱとか、そんなものばかり食わされていたでしょう。本当にくたびれ果てて、八月の十五日に戦争が終わった。それは悲しいとかいうよりも、ほっとしたことを覚えています。これで空襲がなくて、夜は眠れる。そんなことを言ったら怒られるけれども、本当でした。

しかも、われわれみんなは一般社会に憧れていました。特殊な社会だけで教育を受けていたから、一般の社会とはどんなものかと、僕の同級生全員が、口では言わないけれど思ったんです。なぜそれがわかるかというと、今までは結婚は全部華族同士でやっていた。歴史的にも、われわれ公家だけで千年近く結婚しているわけです。だから公家は全員親戚です。そういうしきたりのなかで育ってきたでしょう。だから公家以外のことを、われわれは知らないわけです。

ところが、戦争があって、われわれより上の人が兵隊に行く。兵隊になると初めて一般の人と接するわけです。そういう話を聞くと、一般の社会ってなんなのかなと興味を持ち始めた。なぜかといえば、結婚です。われわれのクラスで同じ華族の娘と結婚したのは一人もいない。みんな一般の女性と結婚した。それほど一般の女の人に興味があった。接したことがないですから、みんなそう思ったんですね。

——大阪大学へ入学なさった。

入学式が講堂であった。そのときに学習院というのでみんな僕を見ながら、笑うんです。なぜ笑うのかといったら、僕の使っている言葉が違うんですね。

昔の公家言葉というのか、華族言葉で育っているでしょう。それしか知らないでしょう。世間の人とつき合ったことがないものだから、それで世間で通用するものだと思っていたわけです。阪大へ行ってしゃべったら、げらげら笑われた。僕の言葉が通用しないんです(笑)。また、僕は大阪弁を初めて聞いたものだから何をしゃべっているのかわからない(笑)。何かの時、友人が僕に「あんじょう、たのむわ」といったので、僕が「あんじょうというのは何かね」と聞いたので友人の方が驚いた。それでだんだん嫌になってきた。だから友だちとはほとんどつき合わないで、一人の友だちとしかつき合わないというふうになってしまいました。

――カルチャー・ショックですね。

四月に入って、医学部では新入生全員に体格検査があるんです。教授が全部それを診断して、発表する。五月に発表の掲示が講堂に出た。一番最初に、即刻入院を要すと書いてある。なんと、その下に僕の名前が書いてあるんですよ。なんで僕が入院しなければならないのか。さっそく教授のところに行って、なんでですかと言ったら、おまえは強度の肺結核だ。即刻入院しなければだめだぞと言われたんです。冗談じゃない。四月に入ったばかりで、五月に入院はあんまりだと言ったんです。勘弁してくれと言って、薬だけもらってきた。

ところが、何年のときだったか、いまでも大阪にフェスティバルホールがありますが、あれの真ん前が昔の朝日会館です。一番上に劇場があって、そこでいろいろな催し物や映画をやったんです。帝塚山学院が大阪にある。そこの何周年とかいう事業があって、帝塚山学院が宝塚歌劇団を呼んで、そこで公演させたんです。義兄の妹が二人いるんだけれど、それが皆、帝塚山を出ているものだから、姉が切符を買わされた。切符が余っているから行くかというので僕にくれたんです。宝塚を見たことがないから、ものの試しに初めて見に行ったんです。

満杯で、ぎっしりで、みんな立って観ている。舞台の一番真ん前のかぶりつきのところしか空いていないから、そこで宝塚を初めて見ました。いまでも覚えているんだけれども、そこで「ぶんぶく茶釜」というストーリーをやっていた。若い女優さんが子だぬきになって演技している。僕はびっくりしました。世の中にこんなきれいな人がいるのかと思って感激しました。それが若き日の八千草薫さんだったということを、のちに知りました。そしてその女優さんばかり見ていて、終わって帰りに、あそこに田蓑橋という橋がある。田蓑橋のたもとまで来たとき大喀血をして、意識を失ったんです。

——宝塚の帰りに血を吐いたんですか？

ええ。あまりにも感激したのか知らないけれど意識を失ったんです。そのころは神戸に下宿していましたが、どうやって帰ったのか覚えていない。さっそく阪大病院に入院させられました。言うことを聞かないで入院していないから、かなりひどくなってしまっていた。おまえは自業自得だ、言うことを聞かないで入院もしないんだからというのでさんざん言われました。見放されたんです。退院して下宿で寝ていたけれど、もうだめなんです。食事は全然入らないし、足は衰えて立ち上がれない。教授からも、おまえ生きていたら幸いと思え、もうだめだろうというようなことを言われて、本当に死というものが近づいてきた思いでした。

それでうちの姉がびっくりして、両親が東京にいたから、僕が危篤だと電報を打った。

両親がびっくりしてとんで来た。母が、おまえはもう医者なんかにならなくていいから、ただ、生きていてくれということで、それで戸板みたいのに寝かされて帰ってきたんです。あのころは寝台特急なんかはないから、普通の座席を四つ取って、そこに戸板を敷いて寝ていた。帰る朝に、下宿のおばさんがいろいろ信仰している人で、仲間の人がよく来ていた。ある会社の社長さんが、葉室さんはお医者さんだから、釈迦に説法になるかもしれないけれど、人間というのは自分で生きているんじゃないんですよ、神さまの力によって生かされているんですよと言って、退屈だったらこの本を読んでみてくださいと一冊の本をくれたんです。

読む気はなかったんだけれど、汽車のなかで何をすることもない。寝ながら読んだんです。あとで知ったんですが、岡山大学の産婦人科の先生で生長の家の幹部の人が書いた本でした。それを読んでいて愕然としました。自分がいままで考えたことと全然違う世界が書かれてある。人は生かされて生きているということがずっと書いてある。それを読んでいたら、感激して、涙が出て止まらなかった。そのとき私には欲がなくなってしまっていた。死というのが目の前に来ると、生きたいとか、医者になりたいとか、自分では気がつかなかったんだけれど、そんな欲望は全部なくなっていた。無我になっていたんですね。

そこへそういう本を読んだものだから、泣けて泣けて、泣き続けて東京まで一冊を全部読んでしまった。東京駅へ着いたら、僕がホームへ立ち上がった。おふくろが何しているのと言う。神戸を出るときには立ち上がるどころか、起き上がる力もなかったのが、東京駅で立ち上がった。自分でもなんで立ち上がるのかと思ったくらいです。おふくろが寝ろと言うから、また寝て、車で家まで帰ったんです。

その本のうしろの方にいろいろな本の紹介が書いてあったから、おふくろに買ってもらって読んでいた。一週間か十日ぐらい寝ていました。でも、あんまり元気になるものだから、おかしいな、僕、病気が治ったのかなと言うと、おふくろがばかなことを言いなさい、治るはずはないのだからと。だけどあんまり元気になったから、東大に知っている内科の先生がいるから、その先生にもういっぺん見てもらおうかと。おふくろがだめだというのを無理に頼んで、その先生のところに行って検査してもらったんです。

そうしたらその先生が、あんた、なんで寝ているのと言うから、こういうわけで四年間結核で、それでこうなっていまはもうだめだと言われたと説明したんです。

ところがその先生が言うには、何にもない。病気なんかはないよ。私が保証する、昔だったら兵隊で甲種合格だ。何にもないから、大阪に帰って医者になれと言うんです。

おふくろもびっくりしてしまった。それでそのまま大阪へ帰ってきたんですが、今度は阪大の教授がなんで帰ってきた、おまえ、死にたいかと言われた。もういっぺん体を診てくれませんかと言ったら、おまえの体は嫌というほど診ているんだから、もう診なくてもわかっていると言う。そんなこと言わないで、もういっぺん診てくださいといって検査をしてもらった。そうしたら病気が治ったのではなくて、なくなっていたんです。

——結核というのは当時はほとんど不治の病いですね。

そんなことが医学で起こるかという。起こるかといったって起こってしまったんだから（笑）。それで奇跡の男というので有名になってしまった（笑）。いろいろなところで話をしてくれというわけです。学生の分際ですが、いろいろなところへ引っぱり出され、その体験を話しました。

形成外科を目指す

その時から僕は死ぬところを神さまに救われたんだから、なんとか人さまの役に立つ人生を送ろうと思いました。

医学部には大学三年、四年になるとポリクリといって病院の各科を勉強して回るのがあります。外科へ行ったとき、生まれつき体に変形があって生まれた人、特に顔の変形で生まれた人がいっぱい大学病院に来ているのを見ました。阪大病院に行ったら治してもらえるかと思って、地方から来る。今だったら、形成外科[*3]で治してもらえるのだけれど、その当時形成外科は日本になかったのです。だから来るだけです。診察をして、そのまま帰っていってしまう。その帰っていく姿がまことに気の毒でした。大学へ行ったら治してもらえると思って来たのに、ただの診察だけです。本当に悲しそうな顔をして帰っていくのが気の毒になってしまった。なんとかああいう人たちが幸せにならないかと学生のときに思っていました。

——それが形成外科を選ばれた大きな理由ですか。

そうです。それで先輩にどうしてああいう人たちを治さないんだと聞いたら、いや、ああいうのは手を着けてはいけないんだ。顔なんかは外科で手術すべきものとは違う。もし手術でおかしくなったら、大変なことになるから、手を着けてはいけないんだと言うんです。手を着けてはいけないといったら、ああいう人たちはどうするんだろう。一生あのままなのか。だったら僕がやろうかと大それたことを考えたわけです。唇裂(しんれつ)とかいろいろな、見るもかわいそうな変形の人が大学には来ていました。僕がこの人たちを治そうと。だけど思っただけなんです。当時日本には形成外科なんてない。本もなければ、教えてくれる先生も何もない。みんなは内科とか、外科とか、耳鼻科とか自分の希望の科に行って勉強するわけです。僕だけは行くところがない。形成外科がないんですから。

――どうなさったんですか。

大野病院の僕の義理の兄貴から、脳の研究で博士号を取った教授の研究室に入れと言われた。その教授は脳では世界的な権威なんです。だけど脳の研究をしても、形成外科とは全然違うなとは思ったけれど、行くところがないものだから、言われるままに入ったわけです。

ところが、そこがまた不思議な神さまのお導きで、弟子はみんな先生からテーマをもらって脳の研究をするわけですが、どうしてか私には傷はどういうふうにして治るのか、これを研究しろというテーマをくれたんです。そんなテーマなんて本来その教授が出すわけがない。私が形成外科をやりたいなんて知らないのに、私だけにそのテーマをくれた。僕もそれがなんのことかよくわからない。ただひたすら傷はどういうふうに治るのかというのを顕微鏡で毎日見て、それで博士論文を書いた。それがあとになったら、形成外科の基礎も基礎、本当の基礎だったんです。

――博士論文のタイトルはどういうタイトルですか。

脳損傷回復における組織化学的研究といいます。脳の傷がどのように治っていくかとい

3　**形成外科**　先天性および後天性の身体外表のかたちの変化、つまり醜状を外科手術を用いて正常にし、個人を社会に復帰させることを目的とする外科の一分野のこと。

うことをいままでは目で見た人がいないから、どんなふうに治るかわからなかった。それを組織化学という、目で見える研究をした。世界で初めてです。僕も知らなかったけれど、世界的な研究だった。私はそんなことは知らないで、毎日やっていました。そのおかげで傷がどうやって治るか、体で憶えることができました。見たらいまどうなっているか、表面ではなくて内部までわかります。

——すごいですね。

それをさせてもらった。四年間そこで勉強して、博士号を取ったでしょう。取ったんだけれど、それから行くところがない。

——取ったというのは、つまり大学は出たわけですね。

いや、大学にはいたんです。あのころはだいたいみんな十年ぐらいは大学で勉強しているんです。四年間勉強して、博士号を取ったけれど行くところがない。そうしたら教授が、自分の同級生が阪大の皮膚科の助教授をやっている、それを紹介するから皮膚科へ行けと言うんですね。

ところが、そのときは僕も女房、子どもがいたから、研究室で助手にしてもらって給料をもらっていた。助手以上が給料をもらえるんです。研究室で助手の給料をもらっていたから、それで生活したけれど、そこから出たら給料がなくなってしまう。皮膚科に行ったら一番下っ端に入る。助手なんていうのははるか上の人しかなっていないわけです。給料がなくなるということになる。

教授に、ありがたいんだけれど、僕には女房、子どもがいるから、給料がなくなったら食べていけないと言ったら、しばらくは助手ということで給料をもらってやるというので、それで半年ぐらい研究室の助手ということで皮膚科へ行っていたんです。だけど半年が切れてしまったら無給になってしまう。しかたがないなと思ったら、その助教授から大阪の府立病院の皮膚科の医者が一人足りなくなったから、行ってくれと出向を命令された。向こうへ行ったら給料がもらえる。それで府立病院の皮膚科に行ったんです。

ところが、それがまた神さまのお導きなんです。そこの皮膚科の部長というのが世にも珍しい変わり者で、全然考え方が違う。皮膚科というのは、ふつう皮膚病というと薬を塗って治す。そういう考え方をする。ところが、その部長は皮膚病がそんなもので治るかと言うんですね。なぜかというと、肺結核の患者に肺病の薬だけを飲ませて、マラソンでもさせて治りますか。入院して、安静にしなければ治らないだろうと。皮膚病だって同じだ。薬だけ塗って治るものじゃない、安静にしていなければいけないと言うんですね。どうしたらいいかというと包帯だという。包帯も特殊な包帯、皮膚を刺激しない包帯を巻いて、皮膚が安静になるように固定する。それで包帯と固定の方法を僕は教わった。

これがまた形成外科の基本なんです。形成外科というのは手術しただけではだめ、包帯でかっちり固定できないと、きれいにならない。これが難しいんです。だけど今僕に包帯を巻かせたら世界で一番うまいと自負しています。

ところでその先生がおもしろい。水虫の患者が来る。先生、塗って水虫がすぐ治る薬がおまへんかと来るわけです。そうすると、先生がやおら靴を脱いで、靴下を脱ぐ。おれも水虫だ、そんな薬があるんだったら、おれが最初に使う。水虫がそんなもので治るか(笑)。

その先生の言うのは本当だと思う。僕は水虫を治してしまいます。なぜかというと水虫はカビです。カビというのは湿り気のあるところを好み、乾燥したところには生えない。そこが水虫だということは、湿っているからです。湿っているということは血行が悪いということです。末梢の血行が悪いから湿ってくる。そこにカビが着いたのが水虫です。治すためには足の血行をよくしたら治る。これは本当です。ところが、誰もそれを考えない。けれどその先生はそう考えた。だから軟膏を塗ってちょっとなんじゃない。いかにしたら足の血行をよくするかということをやっていたんですね。

そういう考え方を僕は先生から教わった。それが後の形成外科にものすごくプラスしたわけです。

――それは大阪の府立病院ですね。

ええ。いまも大阪の天王寺にあります。そこの皮膚科に行って、そこに二年くらいいました。そうしたら大野病院の義兄のお父さん、大野老院長というすごい院長がいたんですが、九州大学の外科で、昔かなり偉かった。その人が大野病院をつくったんですけど、その後輩で織田博士という人が日本でただ一人形成外科の手術を研究しているということがわかった。自分の後輩で、紹介するから、先生に会ってこいと言われたんです。

――日本で一人だけいたわけですね。

ええ、一人だけ。形成外科とは言わないけれども、顔面の変形の手術をやっている医者がいる。それがまたすごく天才的に手術がうまい。あんな手術がうまい先生は見たことがないというわけです。そこで会いに行って、弟子にしてくださいと言ったんです。

その先生は手術がうまいから、全国から外科の医者が手術を勉強しに来るんです。ところが、だいたい三カ月持たない。みんな辞める。その先生がまた変わっている。僕が行ったら、また来やがったなというので、うるせえから帰れ、おまえの話なんか聞きたくないと話もしてくれない。追い返されました。

だけどすごい先生だと思ったから、またしばらくして二回目に行った。僕の顔を見たら、馬鹿野郎、出て行けとまた追い出された。だけどどうしても先生に教えてもらいたいと思って三回目に行った。そうしたら、おまえみたいなしつこいやつは見たことがない。その代わりおまえ、おれの言う通りになんでもするかと言うから、なんでもしますから、先生、教えてくださいと言ったんです。

よっしゃあ、じゃあ、来い。その代わりおまえ、月給はやらんぞ、月謝を払え（笑）。おれから習うんだから、まさかただで習おうとは思わんだろうなと言うわけです。そう言われても、ここに来るためにはいまの病院を辞めなければいけない。月給がなくなる。僕には女房、子どもがいる。月給はもらわなくてもよろしい、アルバイトで生活します。だけど月謝まではちょっと私は払えませんと言ったら、厚かましいことをぬかすな、ただでおれから習おうというのか（笑）。だけど勘弁してください、その代わり病院のことはなんでもしますから、看護婦の仕事からなんでもしますからと。

よっしゃあ、だったら来いと言われた。その代わり僕は朝早く行って、看護婦の仕事をやりましたよ。ガーゼの消毒から、包帯を洗って干して。看護婦はもちろんいますよ。いるけれど、僕は看護婦よりも早く行って、朝、ガーゼたたんで、昔の消毒だから、いまみたいに機械が発達していないからたいへんなんです。ガス消毒をやって、洗った包帯を干して、そんなことをやっていました。

行ったら、僕は手術をすぐ見せてくれるのかと思った。ところが、手術なんかは見せてくれない。何をするんですかと言ったら、おまえ、そこへ座れと言って、なんか汚い部屋に汚い机といすがあるんです。おまえ、そこへ一日座っておれ。何をするんですかと言ったら、本を読め。どんな本を読むんですかと言ったら、自分で形成外科の本を読め。形成外科といっても、日本語の本はないんだから、あちらの本、それもぶ厚いやつをぽんと置いて、読め（笑）。その先生は英語とか、語学の天才なんです。英独仏なんてペラペラです。自分が外国から本を取り寄せて、そいつをポンと持ってくる。どこを読むんでしょうかと言ったら、読めと言ったら最初の一字から最後の一字まで読むんだ（笑）。

そんなことを言われたって、日本語でもこんなのは読めないのに、まして英語を……、おまえなんでもやると言ったじゃねえか（笑）。

読んだか、読まないか、おれにはわからんから、その日に読んだことを大学ノートに全部書け、毎朝おれに見せろと言うんです。字引を引っ張り出してきて首っぴきで読んだんだけど、わけがわからないんです。僕は形成外科の知識がないから、書いてあることが理解できない。ただ、中学生みたいに、何々するところの何々などと訳している。朝、院長が来るわけです。おはようございます。おまえ、それでも大学を出たのか、なんだこれは。すみませんでした（笑）。これの毎日です。

一日座っている。手術は見せてくれない。看護婦だって、あの先生はいったい何をやっているのと思う。だから普通の医者は三カ月と続かないんです。みんな逃げてしまう。だけどなんでもやると言った手前、やらなければしょうがないから毎日やりました。それを半年間やりました。

だけど不思議なもので、読んでいるうちにだんだんわかるようになってくるんですね。半年たったら、おまえはちょっとはわかってきたな、だったら手術を教えてやろうと、すこしは教えてもらえるようになりました。

——たいへんなことでしたね。

なぜその先生がそんなやり方をしたかということですが、思うに頭の切り替えということを教えた。というのは形成外科と一般外科とは全然考え方が逆です。どうしていままでの医者がだめだったかというと、自分の外科の経験を持って、その上に形成外科を習おうと、みんな来たわけです。そういうのは全部だめなんです。それまでの自分の経験を捨てないと、形成外科はわからないということをその先生は私に教えたんですね。

どういうことかというと、たとえば傷をつくる。そうすると傷跡が残る。外科では皮膚を切って、傷跡が残るのは当たり前だという発想です。たとえば盲腸でも傷跡が残るでしょう。一般外科はそれをどのようにしたら目立たなくできるかという発想なんです。ところが形成外科は逆なんです。赤ちゃんで生まれたとき、どこにも傷がなくて、お母さんのお腹から出てくるじゃないですか。とくに顔なんていうのはお母さんのおなかのなかでは最初割れているんですね。それがくっついて顔になってくる。どこにくっついたあとがあるかということです。だから傷跡を残さずに治るのが当たり前なんです。なぜ傷が残るのかということでスタートしているんですね。だから全くスタートが逆なんです。この頭の切り替えをやらない限り、形成外科が理解できない。それを半年間の勉強で僕に教えたわけです。

それを辛抱したのはそこの弟子で僕だけです。だから弟子は僕一人しかいない。初めて僕がそういう頭の切り替えをやって、手術を習ったんですね。

その手術たるや、すさまじい手術です。昔だからなんの機械もないでしょう。赤ちゃんでしょう。看護婦が赤ちゃんの頭を押さえている。これもたいへんな努力ですが、先生と僕が前に立って、手術を始めるでしょう。そうすると、電気を照らせ、血を拭け、糸を持て……。先生、そんなことを言ったって、私は手は二つしかない（笑）。昔は手術のとき手術室の床を水で流すから木のサンダルを履いている。三つも四つもできないと文句を言うでしょう。そうすると、そのサンダルで思いきり蹴られる（笑）。それが目から火が飛び出るほど痛い。理屈を言うなと言うんですね。手が二つしかなくて、四つのことをできるわけがないけれど、理屈を言うなと言うんです、おれの言うとおりやれと言うんですね。

痛くたって、すみませんでした、申し訳ありませんと、それの連続です（笑）。だからみんな逃げてしまうわけですね。

四年間いました。その先生が初めて、弟子ができた、嬉しい、これで日本で初めて形成外科の専門の病院を建てることができる、これが夢だったというんです。自分一人こうやって勉強してきたけれど、おまえが来てくれたからありがたい、一緒に勉強をやろう。自分は九大出身だから、九大へ行って、麻酔の先生とか必要だから、呼んでこよう。いろいろな設備を九大へ行って揃えて、病院を建てる準備をするからと、先生が伊丹から飛行機で九州に飛んだんです。

大野病院長

その途中、まだ先生が大阪の上空くらいにいるときに、何と僕の義兄、大野病院の院長[*4]が患者の食道ガンの手術をしている最中、突然脳溢血になって死んでしまったとの連絡が入ったのです。

――そんなことがあるんですね。

劇的な死です。手術をしている最中に、その手術をしている医者が脳溢血で死ぬ。あれだけの大野病院がパニックになったのです。たいへんな騒ぎになりました。院長がいなくなってしまったわけでしょう。そうしたら姉さんが来て、大野病院に来て院長になって欲しい、そうでないと病院が収まらないと言う。院長になってと言われても、僕はそのとき織田病院の副院長で、病院には大ぜいの患者がいる。それにうちの院長は飛行機で九州に行っているんだ。僕はここを動けないと言ったんです。

そんなことを言わずどうしても来てくれというから、織田先生が向こうに着いたときに電話をして、大阪へ帰ってきてくれませんかと言った。先生がなんで帰るんだと言われるから、いや、大野病院の院長が亡くなったから帰ってきてくださいと言ったんです。大野病院の院長といったら、その上にもう一人大院長、おじいさんがいる。その人が死んだと織田先生は思ったんですね。じいさんが死んで、なんでおれが帰らなければいけないのかと言うんです(笑)。いや、おじいさんとは違うんだ、僕の義兄が死んだんですと。それで先生がびっくりして帰ってきて、それで僕が大野病院の院長になったわけです。

まさしく運命で、もしそこで義兄が亡くならなかったら、織田病院の副院長でずっといたと思います。つまり今ここにはいないかもしれませんね。

4 **大野病院** 大正時代に大野良蔵・みきの夫妻によって創立された外科専門の、当時としては大阪で最も大きな私立の病院。現在、大野記念病院と改称し、内科を含めた総合病院として運営されている。

辞めるとき、先生、いろいろお世話になりました、残念だけど、大野病院に行かせてもらいますと言ったら、それは運命だからいい。そのとき初めて先生が形成外科のことをあれこれと教えてくれました。それまでいっぺんも教えてくれたことがない。昔の人だから教えない。見ろと言うんです。見て、自分で学べというわけです。ところが辞めるとき、最後だからおまえに形成外科の手術の極意を教えようと、唇裂手術はこういうことに気をつけろとか、こうやってやるんだぞとか、初めて教えてくれました。

——とても感動的ですね。

大野病院の院長になったのはいいんだけれど、あそこは内臓外科、一般外科の病院で専門の医者がいっぱいいるわけです。いま名誉教授になったけれど、千葉医大のベテランの医者が来て副院長になっている。その上に私がのっかったわけでしょう。私は形成外科だから、内臓外科はできない。形成外科なんて見たことがないから、みんな知らないでしょう。院長、いったい何をやるんだとみんなが言う。だからこういうことをやるんだと言っても、みんな見たことがないから信じないんですね。

そうしたらみんなばかにし始めた。あいつは弟だから院長になったけれど、なんの実力もない。医者も看護婦も言うことを聞かなくなった。だけど、形成外科という科がないものだから、看板を出すわけにいかない。先生は何科です。何科と言われても僕は科がないんだ。どういうことをやっているんですか。顔面のいろいろな変形というと、わかった、二重まぶたとか、鼻を高くするあれですか（笑）。違うというんだけれど、説明してもわからないから、面倒くさいからハアハアと言う。みんな美容整形と思っているわけです（笑）。

看板を出さないから、患者が一人も来ない。私がやっていることを誰も知らないんだから、困ってしまいました。患者を呼ばなければいけないが、だれも来ない。仕方がないから、休みの日、阪急電車、近鉄など、いろいろな電車に乗って顔の変形の人がいないかと思って、本当に真剣に探したことがありました。

患者が一人も来ない。医者や看護婦も言うことを聞かない。困り果てました。そんな時、これも神さまのお導きだと思う。あのころ全国助産婦の組織があって、助産婦の会長がおられた。その方が参議院の全国区の議員で、ちょうど選挙があって、大阪に来られたときに大野病院で僕と会った。話をしていて、僕がそういう仕事をしているということをしゃべったら、大変喜ばれ、助産婦が赤ちゃんを取り上げた時、顔に変形のある赤ちゃんが生まれたらどうしようもないと言うんです。紹介する病院がないから、助産婦は困り果てているというわけです。こんな先生がいる、ありがたいというので、助産婦の機関紙に紹介記事を書かれた。そしたら、全国から患者がわっと来た。それで始まったんです。いろいろ神さまの奇跡というか、一つ欠けてもできなかったですね。

——いまも大野病院というのはあるんですか。

ありますよ。義兄はそこで大学とタイアップして胃ガンの研究をやって、そちらのほうでかなりの権威になったんですが、その代わり、病院の経営がおろそかになった。始終大学に行って、副院長任せでやっていたんです。そうすると経営が悪化してきて、赤字に転落してきたわけです。

そこで義兄が死んで、僕が行ったでしょう。行ってみたら、あの天下の大野病院が赤字なんです。僕はびっくりした。本当の話、あの当時で十万円の金がないんです。信じられない。十万円の金をどうしようかということで、駅とかに大きな広告を出しているから、あの広告をやめようとか、そんなことをやったんです。これはいかん、黒字経営にしなければいけないというので、それから四年間一生懸命やって、黒字経営に回復しました。

——立て直したわけですね。

やがて大野の義兄の長男が一人前の医者に成長してきたので、大野病院の経営を私の弟と病院長になった義兄の長男に任せて、私は形成外科専門の病院を天王寺区の寺田町に建てました。

無我の手術を求めて——形成外科病院を開業

——念願の形成外科の病院を開業したのですね。

ええ。なんで僕が天王寺にわざわざ病院を建てたのかというと、手術するためには、本当は全身麻酔をかけなければ手術ができないんです。ところが私が形成外科をやったころは、赤ん坊の唇裂の手術を全身麻酔でやるというのは日本ではどこもやっていない。どうするのかというと、赤ちゃんの局部の、唇裂の部分の麻酔で手術するんです。そうすると泣くでしょう、動くでしょう。麻酔の注射で唇がはれ上がってしまう。形がわからない。とてもじゃないけど正確な手術ができないんですね。なんとか全身麻酔でできないかと思ったんだけれど、難しくてとてもできなかった。

たまたま大野病院に大阪市立大学から整形外科の先生が来ていたから、その先生の紹介で市立大学の麻酔科の助教授が私のところに来てくださった。形成外科手術の麻酔というのは、その当時大学も行なっていなかった。それで私と話し合って、どうやったら麻酔がかけられるかということをいろいろ研究して、初めて全身麻酔で僕は手術したんです。

何が難しいかというと、普通の麻酔はおなかを手術するときは気管に管を入れて、ガスで眠らせるわけです。麻酔の先生は患者の頭の上に座る。そうしないと患者の容態がわからない。それで心電図とか患者の容態を見て麻酔をかける。ところが形成外科は口の中に管を入れられたのでは、じゃまで手術できない。だから唇を手術するから、じゃまにならないように管を入れてくれとお願いする。しかしそれでは麻酔ができない。できなければ私は手術ができない(笑)。それで、ああでもない、こうでもないといろいろ研究しました。

麻酔の先生が頭の上にいたのでは、僕が入る場所がない。私は顔のところで手術をするのだから、私のじゃまにならないところへ逃げてくださいと言った。そんな虫のいいことでは麻酔はできない。それをやってもらえないと僕は手術ができない(笑)。で、とうとう麻酔の先生は患者の胸のほうまで下がってくれました。それは非常に危険なことです。だけどそれをその麻酔の助教授がやってくださったおかげで、初めて全身麻酔で赤ちゃんの手術ができたのです。

大阪市大の麻酔科は、形成外科の麻酔では世界一と僕は思っています。手術が一番やりやすい位置で麻酔をかけてくれたということがありますが、それだけではない。麻酔というのはただ眠らせたらいいというのではないんです。深く眠らせてしまうと、今度は手術が終わっても醒めない。赤ちゃんで醒めないと手術をしたあとで、吐くとか、いろいろな危険な状態が出てくる。それではだめだということで、できるだけ麻酔の侵襲がないように麻酔をかける必要がある。それには赤ちゃんが眠るか、起きるかぎりぎりの深さでやらなければならない。これが至難の技なんです。私の手術はだいたい七時間ぐらいかかる。七時間の間ずっと聴診器で心臓の音をききながら、深さを一番浅いところでかけてもらえたのです。手術が終わると、赤ちゃんがパッと目を覚ます。

——完璧ですね。

それをいつか麻酔の学会で、麻酔の先生が僕の手術の麻酔のことを発表した。そうしたら他の麻酔のドクターが嘘だろうと言う。そんな麻酔ができるわけがない。だけどできることがないといったって、実際にやったんですから（笑）。それも神さまのお導きだと思う。大阪市立大学の麻酔科と縁ができたということで、僕は最後まで手術をやれたわけです。

唇裂の手術方法についてはいろいろあり、世界の専門の医者がそれぞれ自分で一番良いと考える方法手術が行なわれていますが、私はそれを行なう医者の考え方の問題だと思っています。

例えば、組織が不足しているところには他から組織を足せばよい、また余分な組織は切り捨てればよいという考えで行なう手術と、人間の顔は神さまがお造りになったのだから組織が不足していることはない。正常な組織が全部揃っている。ただそれが歪んで変形しているだけだから元の形に戻せばいいという考えで行なわれる手術とは、同じ手術を行なっても全く結果が違ってきます。私は後者の考えで手術を行なってきましたから、どこから組織を足したこともないし、かけらも組織を捨てたことはありません。その方が手術は難しいのですが、患者さんにとっては最も良い方法だと思っています。

人間の顔は神さまの造られた最高の作品です。われわれは当たり前と思っていますが、例えば鼻翼の丸み、目尻や口角の微妙な形などは、人工的にはとても造ることができません。どんなに一生懸命手術を行なっても、どうしても不自然さが残ります。だから自然を百とすると手術ができるのはだいたい八割くらいです。それ以上は人間の力ではできません。けれども患者さんは普通の姿になりたいと願っています。何もきれいになりたいと言ってるわけじゃないのです。ただ普通の人と同じ顔になりたいという当たり前の願いです。その希望に医者が応えられないのです。

もともとがこれだけひどい変形なのだから、これだけ回復したら充分だと考えているお医者さんもいますが、それは医者が考えるだけで、患者さんは満足していません。患者さんの希望に応えるためには人間の力による手術では不可能で、神さまのお導きによる手術をやらない限り、百パーセントの結果は得られないと思って、私は祈りということを始めたわけです。手術する前から祈りを行なって、神さまのお導きによる、無我の手術ができるよう念じて手術室に入るんです。

——神さまにお祈りする。

我の手術をやめよう。私が医者として患者を治すということをいっさいやめよう。神さまのお導きによって手術させていただく。こういう心境で手術をしようというので、祈って、無我になったつもりで手術室に入って手術を始めるわけです。普通、形成外科の手術はだいたい一時間半から二時間で終わる。僕は七時間ぐらいかけます。七時間でも僕は不足だと思うけれども、最低これだけやらなければできない。七時間というのは赤ちゃんが麻酔をかけていられるぎりぎりの時間です。これ以上かけたら危ない。そこまでやろうと。

最初は神さまのお導きでさせていただきますと手術を始める。ところが二時間、三時間経つとこっちがくたびれてくる。そうするとだんだん我が出てきてしまうんですね。七時間ともなると、最後には我の手術になってしまうんです。それで、ああ、今日もだめだったな。その連続です。四十年くらいそれできてしまった。普通だったらみんな定年で退職する。還暦過ぎたらどんどん医者は現役を引退するんですね。僕は還暦過ぎて六十二、六十三歳ぐらいだったか、生まれて初めて神さまのお導きによる手術を始めから終わりまでできました。

そのころは体力もないし、目も衰えていた。だけど若いころは自分の体力で手術しようとしていた。年取ってくるとそれがなくなってしまったから、無我の手術ができるようになったのかもしれません。婦長も、いまの婦長は世界一の婦長だと思っていますが、その人が二十何年一緒に手術をしてくれた。できたといったら、婦長も、先生、できましたねと言ってくれました。その結果がよくもこんなにきれいになるなというほどの成功でした。そのお母さんが大変喜んでくれて、いまでも神社へお参りに来てくださいます。

無我の、神さまのお導きによる手術が初めてできて、よし、これからはこれでいこうと。僕は年を取ったけれども、これだったらできると。そしてこれから大いにやろうと思ったちょうどその時に、なぜか私が枚岡(ひらおか)神社の宮司になってしまったわけです。

大阪国学院の通信教育

――その前に大阪国学院[*5]で神官資格を取られますね。それはさっきおっしゃったような神の導きによる手術と何か関連はありますか。

直接は関係ありません。なぜかというと、先ほども言いましたが、一つは私の親父が武家の出だものだから、葉室家の伝統とか、習慣を嫌って反抗していた。銀行にずっといたんですが、それが五十三か五十四歳ぐらいに突如として神職の勉強を始めた。みんな啞然としたんです。あの親父がなんで神職の勉強をするのかと。

――おじいさんもそういえば神職になられた。

小さかったから、おじいさんが神職になったときのことを知らないけれど、親父は見ているでしょう。だからあの親父がなんで神職の勉強をするのか。そうしたら京都の下賀茂[*6]神社の宮司になってしまったんです。

――銀行マンから宮司さんになった。

ええ。それでびっくり仰天したわけです。世にも不思議な伝統というか、お導きがあるものだなと思っていた。葉室の家は朝廷の宗教的なことをやっていたでしょう。だけど明治になって公家の制度がなくなってから、朝廷のそういうところとは縁が切れたんだけれど、ひいおじいさんもおじいさんも親父もみんな神職でないのに宮司になっています。ひいおじいさんは談山[*7]神社といって、藤原鎌足ゆかりの神社の宮司になっている。おじいさんは軍人だったけど、東京の金刀比羅宮[*8]の宮司になった。親父は下賀茂の宮司になってしまった。だから不思議な伝統があるものだなと驚きました。

5　**大阪国学院**　明治十五年、大阪府皇典講究所として出発。戦後一時中断したが昭和五十二年に神職養成通信教育部が開設、現在も将来の神職を目指して多くの人々が通信教育のカリキュラムにより研修に励んでいる。

6　**下賀茂神社**　正式には賀茂御祖神社という。玉依媛命（たまよりひめ）と、建角身命（たけつぬみ）を祀る。上賀茂神社と合わせ、山城国一の宮とされていた。五月十五日に行なわれる賀茂祭（葵祭）は有名。

そのときには僕は医者だったから、まさか私が宮司になるなんて夢にも思っていなかった。ところがここ春日大社は三月十三日に昔からの春日祭というお祭りがある。それから下賀茂神社の葵祭があって、石清水八幡宮の祭りがある。[*9]この三つのお祭りは三勅祭[*10]といって、お勅使がいらっしゃる。そのときに京都の公家が勅使やら副勅使の役で奉仕するんです。そんなわけで、私も春日大社には十何年も昔から、毎年お祭りに奉仕していたのです。

——そうですか、勅使として。

弁という役です。藤原氏の公家の代表という役で弁という役があります。それを毎年ここでやっていた。装束を着て、笏を持ってやるでしょう。春日の神職も一緒にお祭りをする。そうすると神職の笏の持ち方と私の持ち方とがどうも違うんです。神職のはなにかさまになっている。僕は医者で、素人だからさまにならないのです。どこがどう違うのかわからないけれど、さまにならない（笑）。

そうしたらそれも不思議で、神社関係有識者会という会ができた。どういう会かというと、親父が宮司だったけれど、息子はならないで、ほかの方面で活躍している人の集まりという会です。ほかの方面から神社をバックアップしようという会ができて、僕の友人がおまえも親父が宮司なんだから入れというので入ったんです。いまでも行なわれているけれども、毎年東京でその会があって出ていました。

たまたま十何年前にいっぺんだけ大阪でやろうじゃないかというので、大阪のロイヤルホテルでその会があったんです。そのときに僕もそこへ出席したら、大阪の神社庁長さんがそこで挨拶された。そのあいさつの最後に一秒か、二秒ぐらい、大阪には大阪国学院という通信教育で神職を養成する学校ができたという話をされたのです。

それを何の気なしに聞いていたんですが、記憶に残ったのですね。あとで考えて、僕は医者をやっているから、神職の学校にべったり行くわけにはいかない。通信教育だったらべったり行かなくてもいいのだろうから、そこに行ったら笏の持ち方を教えてくれるかなと思った。ただ笏の持ち方を習おうと思って、大阪国学院へ願書を出したんです（笑）。入学してみたら勉強の厳しいこと、通信教育をばかにしていたんだけれど、毎月すごいレポートを出して、のべつ勉強しないと追いつかない。本当は二年行くんだけれど一年で

7　**談山神社**　奈良県桜井市多武峰（とうのみね）に鎮座。大化の改新に大功のあった藤原鎌足公を祀り、藤原氏の氏神として一族の尊崇を集めた。十一月に行なわれる「けまり祭」は有名。

8　**金刀比羅宮**　ご本社は香川県の多度郡に鎮座。全国に遥拝所が設けられ、分社が造立されたうちの一つ。ご祭神は大物主神と崇徳天皇。

9　**石清水八幡宮**　京都府八幡市の男山に鎮座。誉田別尊、比売大神、神功皇后を祀る。九月十五日に行なわれる石清水祭は三勅祭の一つ。伊勢神宮、春日大社とともに、三社託宣のうちの一つ。

10　**三勅祭**　祭りに、天皇の特使である勅使が差し向けられるものを勅祭という。なかでも春日祭、賀茂祭、石清水祭をまとめて三勅祭という。

やめてしまいました。こんなことをしていたら医者の仕事ができない。笏の持ち方は覚えたから、あとは関係ないと（笑）。

二年くらいそれでほうっておいたんだけれど、同期の人がせっかく一年行って、あと一年行かなければもったいないと、僕に内緒で次の二年目、権正階課程へ行く願書を出してしまった。それで学校から入学式の案内が来た。誰がこんなことをやったんだ、おれは二度と行くつもりはない、断ってくるわと入学式の日に断りに行ったら、先生がよく来てくれた、もう一年一緒に頑張ろうなと。それでやめられなくなってしまったんです（笑）。けっきょく二年行くことになってしまったんです。

まあしかし、これは神さまのお導きだから、やるんだったら徹底してやろうと思いました。仕事を持っているから勉強は仕事が終わってから、夜でしょう。

——そうですね、大変だったでしょうね、お医者さんをやって……。

だから医者の仕事が終わって帰ってくるでしょう。家へ帰って、風呂に入って、晩酌を飲んで、夕食を食べて……。

——普通だったらそれで寝てしまう。

そうでしょう。それから本を読むでしょう。そうすると本を開いたとたんにガーッと寝るんです（笑）。これではあかんというので、仕方がないからどうやったかというと、飯を食ったらすぐ寝る。一年目は夜中に起きて勉強していた。そうしたら完璧に体のリズムが狂った。体がおかしくなってきた。こんなことをやっていたら体がだめになってしまうというのでやめました。二年目はこういうことをしたらいかんというので、仕事から帰ったらすぐ勉強した。終わってから飯を食う。それに切り替えたんです。

レポートは月末までに出すという規則なんです。三十日の月は三十日までに出す。一日遅れて一日に出したやつは受けつけない。厳しいんですね。みんなは三十日に向けてレポートをつくってやる。僕はそれをやめた。月の初めに出そうと。五月のレポートは五月一日に出す。六月のレポートは六月一日に出す。

なぜそういうことをやったかというと、四月に入学式がある。そこで教科書をもらう。第一回目のレポートは五月末になる。そうすると五月になってからみんな勉強する。だから僕は入学式がすんだその日から勉強を始めて、四月中に五月分のレポートを書いて、それで五月一日に出す。前へ前へ出していた。二月が最後なんです。二月になると二月分のレポートを書かなければいけない。そこに卒業試験が入ってくる。両方やらなければいけない。それは至難の業です。僕は二月一日にレポートを出してしまったから、あとは試験だけでいける。切り替えて僕は楽でした。

最後に卒論がある。卒論は自分のテーマで神道のことを研究するんですね。僕は医者だから医学から神道を見てみようというので「医学と神道」という論文を書いた。最後にみんなが集まって、神社庁長やいろいろな先生が全部見るわけです。いい論文だけ三分ずつしゃべらせる。僕のを見て、おまえだけは五分しゃべれと言う（笑）。それで五分間しゃべった。こんな論文はいままで見たことがない。これを新聞に載せようというので、学生の論文が新聞に載ったんです。それで有名になりました。

卒業のときに僕が成績で二番です。一橋大学を出た秀才がいて、彼がトップでした。卒論は僕がトップで、その人が二番。二人だけが優秀で出た。そうしたら優秀なやつが二人出たから、このままで終わらせるのは惜しいから、さらに正階、明階と、一番上の神職の資格まで取らせようと。私はそんなこととは露知らず、卒業式が終わって、これで神職の勉強をすることはないから、二度と見たくないと思って、帰りに教科書を捨てて帰ろうと思っていた（笑）。

終わって帰ろうとしたら、ちょっと来てくれ。これからは学校じゃないんだ、検定試験で行くグループがあるから、そのなかに君も入ったからと。入ったと言われても私は入るって言っていないじゃないか（笑）。いや、君も入ってくれないと困るんだというので、トップの人と僕と、あと十人くらいいました。

神職界には順に直階、権正階、正階、明階という位があります。大阪国学院へ行くと下の権正階までは取れる。それ以上は検定試験を受けるんです。一年にいっぺん検定試験があります。正階の検定試験を受けた。それがちょっとやそっとで通れないんだけれど、僕とトップの人だけが正階の試験を一発で合格した。一発で通ったものだから、今度は明階という一番上のところまで行かされました。それがとてつもなく難しいんですね。

年に一度九月に試験がある。全国から神職が受験に来ますが、毎年ほとんど受からない。難しいんだけれど、これも神さまのお導きなのかと思って、やるんだったら徹底してやってやろうと。それから教科書を二冊ずつ買って、一冊は病院に置いておいて、一冊は家に置いて、病院の診療の合間にも読んで勉強しました。もちろん日曜、祭日、盆暮れの休みもなく本を読んで読んで読みまくって受けました。

二十科目試験がある。それを全部受からなければだめなんです。最初の年に半分くらい受かりました。だけどそれから難しくてわからない。教科書を読んだら受かるというのではなくて、神道全体を知っていないと受からない。神道とはなんぞや。それがわからないから読んで読んで、神道とは何かというのを夢中で勉強しました。それでおぼろげながら、神道の何たるかがわかったように思います。そしてようやく三回目の受験で、私とトップの人と二人だけが受かりました。

神社界もこれにはびっくりした。病院をやりながら受かったというのは神社界始まって以来だということで、評判になりました。そのときがちょうど、私が無我の手術ができたときなんです。一致したんですね。

宮司への道

合格したとたんに枚岡神社[*11]の前の宮司さんから体が悪いから辞めたいという申し出があって、それとぶつかったんです。後任の宮司はだれがいいかということになったときに、私が適任だということで、僕が知らない間に神社界の会議で決まってしまったんです。

それで神社庁長さんに呼ばれて、あなた、病院を辞めて枚岡神社に行きなさい。冗談じゃない、僕は病院で患者を治療しているんです。それを辞めるなんてとんでもないと言ったんですが、いや、これは神さまのお導きだ（笑）。

――枚岡神社は藤原氏の関係の神社でございますね。

ええ。春日大社よりも古い、二千何百年の歴史がある。奈良時代にこの神社の神さまをお移ししてできたのが春日大社です。だから春日の元なんです。そこへそんなこととは知らないで行ったわけです。

――枚岡神社も藤原氏の氏族でないと宮司になれないのですか。

二ノ鳥居（桑原英文撮影）

昔はそうでしたけど、それがそうとばかりはいかないので、ほかの系統の人もなったりしています。ただ枚岡へ行っていろいろと昔の書物を見ると、藤原氏以外の人が宮司になると、神社が衰微するという言い伝えがあって、鎌倉時代もそれで、なんとか藤原氏系統の宮司にしようと考えたりしたことが記載されています。その宮司を選んだのが、葉室の祖先だという記録も残っています。

――それから二年後に春日に来られたわけですね。

枚岡神社にも慣れて、これから頑張って大いに神社を発展させようと思っていたところ、春日大社の花山院宮司さんが亡くなられたんです。

――春日大社は藤原氏の氏族でないと宮司になれないのですね。

ええ。それからが大変でした。私が就任したのが平成六年八月一日。春日大社には伊勢[*12]神宮と同じ二十年ごとにお社が新しくなる、[*13]式年造替（しきねんぞうたい）という制度があり、平成七年がちょうどそのご造替の年にあたり、その一年前に就任したのです。このたびのご造替はご本殿だけでなく、ご本殿周囲の廻廊や門など、その他多くの建物が改修される、春日にとってもまれなる大事業でした。その費用として二十数億円が必要となり、ちょうど私が就任した八月より企業などにご奉賛をお願いすることが始まりました。そして関西のみならず関東も含めて、いろいろな都市を回って奉賛をお願いしました。

式年造替・御神宝清祓之儀

――でも、それらを無事終えられたとうかがっています。またお祭りも古式にのっとってご奉仕をされたということですね。

私はこの式年造替という事業は、建物が新しくなるというだけでなく、春日大社全体が新しく生まれ変わることであると思っています。それで、まず原点に返ってお祭りを奉仕しようとしました。

第一に行なったのが御蓋山頂の本宮神社のご遷宮でした。奈良時代に、はるか鹿島の神さまを御蓋山[*14]の山頂にお迎えして、それから春日が始まったわけです。第一にすべきことを最初にしなければ神さまの法則に違うと、先ず本宮神社を新しくすることを行ないました。そして見事によみがえった社に、神さまを再びお遷し申しあげる遷座祭を行ないましたが、それが奇しくも本殿遷座祭を行なう、ちょうど一年前の十一月五日だったのです。あまりの偶然の一致に、これはまさに神さまのお導きであると神職皆が驚きいりました。奉賛も、この不況の時代に予定通り集まるかどうか心配しておりましたが、大神さまの驚くべきご神力により、目標を超えることができ、これぞまさしく神さまのおぼしめしだと感謝をいたしました。

そして平成七年十一月五日の夜、修理が完了し見事に完成したご本殿へお遷りいただく本殿遷座祭が行なわれました。私は原点に返って、昔のままの作法でお祭りを行なうこと

式年造替・仮殿遷座祭

を奉仕の神職全員に周知させました。千数百年も年月が過ぎますと、祭式の作法もだいぶ元とは違ってまいりましたので、古文書を皆で勉強しました。この古文書にはいろいろな作法が書かれていますが、現在のわれわれにはなぜこのようなことをするのか分かりませんでしたが、そのなぜという理屈を言わないで、古文書に書かれた通りに行ないました。移殿にお遷し申しあげましたご神霊を、また私がお抱きしてご本殿にお遷し申しあげたのですが、胸にお抱きした御霊から、偉大なるお力、暖かい慈悲の念をひしひしと感じ、感激しました。しかもそれは私だけでなく、奉仕の神職全員が感じたのです。神さまは理屈のない世界に出現されると言われておりますが、まさに皆が経験し、感激したのです。

ところでお祭りには参列者がいる。十一月は寒いでしょう。しかも夜です。ずっと幕がかかっていて、参列者には何も見えない。幕のなかで祭りを行ない、神さまをお抱きして本殿にお遷しする。私の足元を照らすほのかなろうそくの光しか参拝者には見えない。ただろうそくの光だけが移動して行くのです。しかも四時間もかかる。十一月の夜だから、寒いし、お年寄りも多いでしょう。だからおそらく途中でかなりの人が帰るのではないかと思いました。ところが、一人も帰らない。

のちに参拝者の人からこんなすごい祭りは見たことがないと言われました。二十年前の遷座祭を見た人がいっぱい来ていましたが、こんなすごい祭りは見たことがないと。から

式年造替・本殿遷座祭を奉仕し退出する。

だがふるえたといわれました。見えないんです。だけど神の力を感じるんです。古文書に昔のやり方が書いてある。なぜこんなことをしなければいけないのか、いろいろと書いてあります。「宮司秘伝の秘」といって、宮司にしか見せてはいけない作法がある。だが、みんなはそんなことは知らない。こんなことをなぜするんだと。だけど理屈を言うな、そのとおりやれと。みんな理屈を言わないで、そのとおりにやったんです。そうしたら神さまが出てこられた。神さまは理屈のない世界におられるのです。

――神さまは、本当の世界に現れるのですね。

ええ。本当に、不思議なご縁で春日大社宮司に就任し、式年造替をご奉仕申しあげることになりました。枚岡神社宮司に就任した時、病院をやっている医者が突然、物好きにも元官幣大社[*15]の宮司になったと、総代や氏子さん、世間の人たちも思ったようでしたが、しかしその時、私には特別の世界、特別の神社という意識はなく、ごく自然に宮司に就任したわけです。そしてこの春日の宮司に就任した時も同じです。自分でなろうという気は全くなく、あれこれと思い悩むこともありませんでした。

ただ、今まで私が歩んできた人生、私が言うのも何ですが、まさしく波瀾万丈の人生を乗り越えてきたなかで、いつも「不思議な神のお導き」が働いていることを実感しました。神さまは私を春日大社の宮司にするために、わざと遠回りをさせていろいろなことを学ばせてくださった。大阪に行ったのもそうです。医者になったのもそうですし、形成外科を始めたのもそうです。今までの人生のすべてが神さまに近づくための導きであると思います。式年造替を経験させていただいて、さらにその思いが強まりました。神さまに導かれて来た私のこの春日での使命は、神さまの偉大さを世に伝え広めることであり、そして人間としてどう生きるべきか、間違った知識を正し、世の中の本当のことを一人でも多くの人に知ってもらうことだと確信しています。すべては神さまのため、神さまの御心にかなう人生です。本当の神さまのお恵みをいただくために、本当の感謝の心を知ってもらうために、生きていきたいと思っています。

11　**枚岡神社**　大阪府東大阪市にあり、天児屋根大神（あめのこやねのおおかみ）、比売大神（ひめおおかみ）、武甕槌大神（たけみかづちのおおかみ）、斎主大神（いわいぬしのおおかみ）を祭る。春日大社の創建にあたって天児屋根命、比売神をお呼びしたことから、元春日とも称される。一月十五日の粥占神事が有名。

12　**伊勢神宮**　一般に伊勢神宮と呼ばれるが、正式名称は「神宮」。天照大神を祀る内宮と豊受大神を祀る外宮の二宮から成る。古くから国家の宗廟とされ、日本で最も高い格式を持ち、全国神社の根本ともされてきた。

13　**式年造替**　一定の年限を定めて社殿を作り替えたり修理を行なうことをいう。春日大社では二十年ごとに行なわれ、さる平成七年に五十九回目の造替が行なわれた。

14　**御蓋山**　春日大社社殿の後ろにそびえる山。三笠山ともいう。形が笠に似ていることからこの名がある。山頂に本宮神社が鎮座する。阿倍仲麻呂の「天の原ふりさけみれば春日なる、三笠の山に出でし月かも」の歌はあまりにも有名。

15　**官幣大社**　社格の一つ。古くは神祇官から幣帛を捧げた神社であったが、明治以後は宮内省から幣帛を供進した神社をいう。大社・中社・小社・別格官幣社の別があった。主に皇室にゆかり深い神社。

第二章　東洋医学のふしぎ

薪御能

鍼治療と東洋医学

——宮司は、西洋医学のご出身ですが、東洋医学にも造詣が深くていらっしゃいますね。

どうして東洋医学に深入りするようになったかといいますとね、前にも話したように形成外科というのは生まれつきの赤ちゃんの手術が多い。体が変形の、そういう赤ちゃんの手術が多いんです。赤ちゃんが病院に入院していると癇（かん）の虫を出す赤ちゃんがいて、ギャーギャー泣くわけです。特に夜なんか泣く。唇の手術をするわけだから、そこで泣かれて唇が動くと、傷がむちゃくちゃになってしまうわけです。しかも夜中に泣かれると、入院している他の患者さんに非常に迷惑をかけるので、なんとか癇の虫の治療ができないかなと思っていたんです。そうしたら、たまたま鍼（はり）の先生の子どもさんを手術することになった。

その先生にそんな話をしていたら、私が癇の虫の鍼治療をやりましょうということで、その先生に手術した赤ちゃんで癇の虫を出した子の治療をずっとやってもらったことがあるんです。鍼治療をしてもらっている子どもさんと、しない子どもさんとでは傷の治り、経過がガラッと違ってきた。鍼治療を受けた子どもさんのほうがはるかにいい結果が出てくるのに気がついたんです。

それで、その先生に何でこうなるんですかと聞いたんだけれど、私は傷のことはわかりませんと。それだったら自分で勉強しようかというので東洋医学を自分で勉強したんです。僕は西洋医学の医者だから、東洋医学が専門でないから、本を読んだだけではよくわからないので、それでその先生に毎週来てもらって、私の体に鍼を打ってもらって、ここのつぼを打つとこういう変化があるということを自分で体験しました。それを二年か三年、自分で経験して、自分の体験から鍼治療をやりだしたんです。

それからは、うちで手術する患者さんは手術したら、手術室ですぐ鍼をやる。退院まで毎日鍼をやるということを全員にやった。そうすると劇的な効果が出てきたんです。

どういうことかというと、例えば唇の手術をすれば、翌日ぐらいから目が開かなくなるぐらい腫れるんです。これは常識です。それで三日か四日して腫れがひいてくるわけです。ところが腫れるとどうなるかというと、唇を糸で縫っているわけでしょう。それがガーッと皮膚が腫れるものだから、糸が皮膚に食い込むわけです。そうするとものすごく傷の治りに悪い影響を与える。それで、傷がきたなく治る。そのために普通の医者は腫れをひかせる薬を、こんな時だけではないです、どんな手術をしても腫れをひかせる注射とか、薬を使います。

そうすると、またその薬がものすごく傷に悪影響を与えるというので、僕は薬を使わないで腫れをひかせたいと思っていました。ところが、鍼をやると、目まで腫れるような人が一人もいなくなってしまった。腫れないんですね。というのはものすごく血行がよくなるので、スーッと腫れがひいてくる。それがおそらく傷の治りに非常に良い影響を与えるわけです。

僕の手術はだいたい七時間くらいかかる。立ちっぱなしでやります。七時間の手術は大手術だから、手術したあと、麻酔がさめてから吐いたり、腰が痛くて苦しいという訴えがあるんです。手術した晩は僕は必ず夜中に起こされて、治療していました。それが鍼をしてからそういう患者が一人もいなくなってしまった。僕は夜中に起きたという経験がそれから一回もない。吐いたり苦しんだりする人は一人もいなくなってしまったんです。

劇的な変化があったので、いっぺん学会で発表したことがあった。そのころは東洋医学なんていうのは世間で知られてない時代だから、他の医者から軽蔑されました。医者のくせにというので、ものすごく軽蔑されました。わからない人はしょうがないというので、自分でずっとやってきましたが。

——そういう時代があったんですね。

ところがあまり効果があるものだから、手術した人だけではなくて、一般の人が鍼をやってくれと来るようになってきて、それからだんだんそういう患者さんが増えて今に至っています。僕だって専門の鍼の医者ではないから、鍼を何でもかんでもやれるということではないけれども、私は医者だから、医者なりの鍼をやりたいと思ったんです。僕が一番最初に考えたのは、会社でも四十代ぐらいの働き盛りの社員が、ある日突然、脳溢血で倒れて死ぬ。そうするとその会社にとっても損失だけれども、何といっても家族にとってはとんでもないことで、お父さんが突然いなくなってしまう。そうすると食べていけないという状態になる。なんとか脳溢血とかを防げないだろうかと考えて、私はそういうことを専門に鍼をやろうかと考えたんです。それでずっと自分なりにやってきたわけです。

脳溢血とか狭心症とか、それぞれで死ぬ大きな原因は首や肩のこりです。東洋医学のものの考え方は西洋医学とは違います。西洋医学は目で見る医学だから医者が検査して、病名を診断する。そしてそれの治療ということをする。西洋のものの考え方は何でも征服するという思想です。病気を征服するという考えのもとに行なわれているのが西洋医学です。

それに対し東洋医学は全く違って、人体を宇宙と見ているわけです。宇宙はどういう仕組みでできているか。宇宙の仕組みがわかれば人体の仕組みがわかる。逆に人体の仕組みがわかれば宇宙の仕組みがわかるという考えのもとに、治療が行なわれているのが東洋医学です。宇宙はどうなっているかというと、第一にバランス、太陽と地球とか、いろいろなもののすべてのバランスによって成り立っている。だから人間の体もバランスによって成り立っている。バランスが崩れたときが病気ということです。その崩れたのを「証」といいます。わかりやすくいえば症状です。ここが痛いとか、かゆいとか、いろいろな症状が出る。だから症状に一つずつ応えてあげれば、もとのバランスが戻って健康になると、こういう考え方です。

だから首がこった、肩がこったというのは重大な体の訴えの症状だということになる。ところが西洋医学では、たとえば大きな病院に行って、肩がこりましたと言ったら、ばかにされて、膏薬でもはっておけと（笑）。ところが東洋医学ではたいへんな症状なんです。首、肩がこるというのは血行が悪くなっているという訴えなんです。首から上はものすごく血液が多いんですね。

なぜかというと、脳の細胞は非常にたくさんの酸素を必要とする。酸素が何分間か行かなくなったら死んでしまう。そのためにものすごい圧力で血液を送っているわけでしょう。だから交通事故で頭を怪我すると血だらけになります。そういう患者がよく病院にかつぎ込まれてきました。どんなすごい怪我かと思ってそこを消毒してみると、ごくわずかしか切れていないということがよくある。それほど血液が豊富なんです。

首の周りは通路なんです。上に血液を送る通路です。だから首がこるということは首に血液がつまっているということでしょう。そうすると脳までつまってしまう。脳圧が上がる。そして脳の血管が破れると脳溢血です。脳圧が上がると大変だというので、心臓が一生懸命になって首の血液を通そうとするわけです。その結果、心臓のポンプが破裂したのが狭心症、あるいは心筋梗塞なんです。だから首、肩のこりは脳溢血、狭心症の前兆のすごい症状なんです。西洋医学では問題にされないけれど、東洋医学では非常に大切な、命にかかわる症状なわけです。

つぼの話

その症状がどこに出てくるかというと、つぼに出てくる。東洋医学では全身につぼがあるでしょう。そこのつぼにそういう症状が出てくる。いまの場合でいえば首の筋肉が頭蓋骨に入るところのつぼ、ここに危険信号の症状が出てくる。

——それはちょうど首がこると無意識に手でもむところですね。

ええ、そこを見ればわかる。その首のつぼがつまった症状がまた顔にも出てくるんです。顔のどこに出てくるかというと眉間にその症状が出てくる。それを私は経験で知ったわけです。そんなことは本に書いてあるわけじゃないけれども、経験でわかってきたんです。

テレビでタレントを見ていると、つい眉間を見てしまいます。この人は近々に倒れるなというのがわかってしまう。しばらくして倒れたとか、死んだとか聞くことがある。これは百発百中ですね。

——眉間のところがどんなふうになるんですか。

どんなってよく聞かれるんだけれども、言葉で説明するのは非常に難しい（笑）。自分の経験で知ったことなんだけれど、しいて言えば腫れぼったく見える。何となく腫れた症状が出てくるんですね。昔の人が死相と言ったのは、人相学でそういうことを見た人がいるんじゃないかと思う。僕は人相学は知らないけれど、これだけは百発百中です。これが出たら何か治療しないともうだめですね。

僕の小学校からの親友がいて、それが銀行のお偉いさんで、短期間だけ単身で大阪へ来ることがあったのですが、その時、よく僕のところに遊びに来ていた。ある十二月の二十何日かにその友だちが近くまで仕事で来たからと言って、ひょっとうちの病院に立ち寄った。その友だちの顔を見たら出ていたんですね。これは危ないと思ったので、おまえ、そこへ寝ろよ、おれが鍼をしてやろうと言ったんだけど、そうしたら、ありがとう、でもいま仕事の途中なんだ、正月になったら暇になるから鍼をしてくれよと言って帰って三日後に、脳溢血で死んでしまいました。だから僕はいまだに後悔しているんです。何であの時に無理にやってやらなかったかといまだに後悔しています。

それから、もう一つは小指の先に心臓のつぼがあります。これは昔から言われていますが、赤ちゃんの麻酔というのは非常に難しい。下手に麻酔をするとショックが起きて赤ちゃんが麻酔だけで死んでしまいます。ショックが起きると心臓はもちろん、呼吸も止まる。赤ちゃんは真っ黒けになってしまう。そして赤ちゃんは死んでしまいます。昔は赤ちゃんの手術では麻酔で年間何人か死ぬというのは常識でした。

赤ちゃんでショックが起きるともうどうにもしょうがない。うちも赤ちゃんの患者が多いから、ショックが起きることがあります。そのときに小指の先へ注射針を刺す。ここに心臓のつぼがある。そこから一滴、二滴血を絞り出すと、血液が回っていなくて赤ちゃんは真っ黒けなんだけれど、指先だけがピンク色になる。麻酔のドクターはもうだめだと言っているんだけれど、心電図がバーッと動き出します。それで麻酔のドクターがびっくりしてしまうんですが、すぐ息を吹き返して助かります。

だから幸い私は赤ちゃんを死なせたという経験はいっぺんもありません。私が医者になって患者さんが死んだという経験は一人もない。

またこんなこともありました。梅田新地のある行きつけのスナックがあって、前によく家内とカラオケに行っていた。カウンターがあって、僕の隣に六十いくつかのご婦人がいて、いきなり意識を失ってひっくり返ったんです。それでみんなびっくりしてしまって救急車を呼んだんだけれど、梅田新地というのは不法駐車がいっぱいあって、救急車がなかなか入って来られない。

マスターが僕がいたものだから、先生、いてくれてよかった、何かやってくれと言うんですね。やってくれと言ったって、おれは何も持っていない（笑）。ちょうど縫い針を持っている人がいたから、それを借りて火で焼いて小指の先のつぼに刺して血を出したんです。それでその婦人は息を吹き返しました。救急車で病院に行ったけれど、元気になって、あとでお礼に来られました。

このように小指の先には大切なつぼがあります。だから家で倒れたとか、何かのとき、救急車が来るまでにこれをするといいと思います。何もなければかみ切ってもかまわない。血をちょっと絞り出してやるということが必要なんです。

あるとき母の知り合いに非常にお金持ちの奥さんがおられて、その方が脳溢血で意識不明になったんです。重症で動かせない。だれか専門のドクターを紹介してくれないかというから、僕の友だちの内科の医者に行ってもらった。ところが、一週間ぐらい経ってもうだめだというんです。明日か明後日ぐらいでもうだめだろうから、おまえから家族の人に言ってくれと言うんですね。しょうがないから、友だちが治療しましたけれど、今日か、明日ぐらいでだめだろうと言っていると伝えたんです。そうしたら何かしてもらえないかという。何かといったって、内科の医者がだめだというのを、どうにもできないですよ。そこを何とかしてくれと言うから、僕のできるのは鍼だけですよと言ったら、鍼でもいいからやってくれ、と。

寝ているからうっかり鍼も刺せないから、両手の全部の指のつぼから、鍼で血を抜くことをやった。二時間ぐらいやっていましたかね。だけど僕だってもうだめだと思うから、いつやめようかと思っていたんですが、家族がみんな見ているから、やめるにやめられない（笑）。えらいことをやっちゃったと思っていた。

ところが、二時間ぐらい経ったら、そのご婦人がパッと目をさました。鼻血をガバッと、洗面器いっぱいに出して、完全に息を吹き返した。そして、ああ、気持ちいいと言ったんですね。こっちもびっくりしましたけれど、家族の人はなおびっくり仰天してしまった。それでなんの後遺症もなく治ってしまいました。鼻血が出るというのは脳に溜まっていた血が鼻からいっぺんに出てしまったということです。そういう奇跡が起きるんです。

全身にいろいろなつぼがあるということを、三千年も昔から経験で知っていた中国人はすごいと思います。西洋医学だけが医学と思っている人が多いけれど、そうではなくて、世界にはその国独特の医学を持っている国はいくらでもあります。東洋の漢方医学は三千年も歴史がある。三千年も続いているということは本当だということです。嘘や偽物だったらなくなっているでしょうが、三千年も続いているわけです。

日本に入ってきたのが飛鳥時代でしょう。日本でも千何百年の歴史があるわけです。最初は中国のまねをしていたけれども、江戸時代には日本独自の日本医学があったんです。まねでない、日本独特の医学というので立派なお医者さんがいた。ところが西洋医学が入ってきたために、特に明治政府が西洋医学を医学として、東洋医学を医学と認めなかった。それでせっかくの医学が民間療法みたいに細々となってしまったんです。その時、西洋医学と東洋医学を両方を医学と認めていたら、いまの日本にはすごい日本医学があったと思います。それが非常に残念です。けれど最近になってまた見直されて、東洋医学が盛んになってきていますね。

西洋医学でいう唯物論的な、目で見なければ信じないという考えだけではなくて、この世の中は違う教えの仕組みがあるということを知らなければいけない。

宇宙の仕組みといのちのバランス

——東洋医学、西洋医学ということがありますけれども、先生のご専門の形成外科は一風独特のものがありますか。

形成外科と東洋医学はある程度相通じるところがあります。一番最初に言ったように、一般の外科は怪我をしたら傷が残るのが当たり前。形成外科は人間は本来傷がないんだから、傷がないのが当たり前、そういう自然体から出発している。東洋医学も人体を宇宙と見て、そういう自然から出発している。原点はともに大自然の摂理、非常によく似たところがあるように感じます。

家内が子宮筋腫になったんです。家内が息子を出産したとき、お産が難産で痔になってしまった。それが痛くてどうしようもないというので手術しなければいけない。大野病院の副院長に、二回手術をするのはたいへんだから子宮筋腫と痔と一緒に手術してくれと言ったんです。それはやってもよろしいが、手術したあとの痛みがたいへんですよ、両方の痛みがくるから、モルヒネを一晩に三本用意しますから、痛くなりかけたときに言ってください、看護婦に打たせますからと。

手術をして、病室へ帰ってきた。モルヒネを三本も打ったのでは、術後の経過が悪くなるので、絶対に打たないで、かつ痛みが起こらないようにしようと、一晩中僕が家内につきっきりで鍼をやったんです。家内は翌日まですやすやと寝たままです。痛いなんて全然言わない。モルヒネも一本も打っていない。手術したあとに鍼をしてあげたら、痛み止めなんていらないと思うんです。私は四十年医者をやったけれど、痛み止めを使った患者さんは一人もいない。盲腸を手術するのだって痛いのに、大きな手術をしても痛いといった人は一人もいない。それほど鍼というのは効果があるんですね。

最初は痛み止めの薬を置いていたんだけれど、痛みを訴える患者さんがいないので私の病院には全然置かなくなった。痛み止めを使えば、術後の経過が悪くなるのはわかっているんです。痛み止めを使わないで経過をよくするには鍼がいい。最高ですね。

——鍼の話はものすごい話だと思いますけれども、東洋医学のポイントというか、その根底となる〈哲学〉とか〈思想〉というのは……。

僕は西洋医学の医者だから東洋医学の陰陽五行説[*16]だとか、そういう説はもちろんあまり詳しくは知りません。僕が考えているのは神道というか、それから見た宇宙の構造です。誰々の説というのではなくて、本当のこと、宇宙の仕組みを神道からも東洋医学からも見ています。神道というも、東洋医学というも、根本は同じものです。宇宙の仕組みはどのように作られているか、毎日勉強しているけれども、それを原点としている神道も、また東洋医学も真実を行なっていると思う。宇宙はすべてバランスの仕組みで成り立っていま

16　**陰陽五行説**　中国の戦国時代に別々に成立した陰陽説と五行説が、漢代に合したもの。五行の木火は陽、金水は陰、土はその中間にあるものとして、これらの消長交替によって万象を解釈、説明する思想。

すから、人体もバランスということが大事です。言葉でバランスというのは簡単だけれど、実際に行なうのは非常に難しいものですが。

だから僕の治療はいわゆる東洋医学の先生がやっているのとは少し違うわけです。私が知った宇宙の仕組みにもとずいて鍼をやっているのです。

あるとき、脳溢血で半身不随で、左側半身がぶらぶらで、何年間もいろいろな病院でリハビリしたけれど全く回復しない、五十ぐらいの男の患者さんが紹介でかつぎ込まれてきたことがあるんです。先生、治してくれというから、治してくれといっても、もう何年もリハビリをやって治らないやつが治るわけがない（笑）。その人が言うには、自分は店を持っていて、息子がまだ若いから自分がいなければ店が潰れてしまう。先生、治してくれませんかとあまりにも真剣になって言うから、じゃあ、治してやろうと言ってしまったんです。先生、いつ治してくれますかと言うから、いま治してやると言ったんですが、その時なぜそう言ったのか自分でもわからない（笑）。お願いしますと言うから、その代わりおれの言うことを百パーセント信じろ、一パーセントでも信じなかったら治らないぞと言ってやったんです。

そのときは僕は鍼も知らなかったんだけれども、あなたは心のバランスが乱れている、我が強すぎる、だから我を捨てて、神さまにすべてお任せするという心境になりなさい。

そうしたらいま治る。腹式呼吸をしなさい、〇・一パーセントでもおれを疑ったら治らないよ。そう言ってその人の腹の上に私の手をのせて静かに腹式呼吸をさせていたんです。それを三分間やったら、先生動いたと言うんです。手足が本当に動き出した。

その男の人は喜んでしまって、それから一カ月ぐらい通ってきました。しまいには駆け足ができるまでになった。それぐらい急に治ってしまったんです。女房が電車のなかで会ったとき、奥さん、見てくれというので電車のなかを端から端まで駆け足して見せたそうです（笑）。

本当なんですね。そういうバランスというものがいかにすごい力を持っているかということです。言葉ではバランスと簡単に言うけれど、本当のバランスはたいへんな力を持っている。

私は東洋医学の鍼や、今いったようなバランスを整える方法で、西洋医学では回復不可能だといわれた患者さんを何人も治してきました。この話をすると、「先生、それは鍼やバランスで治ったのではなくて、何もしなくても治る状況だったんじゃないですか」と言う人がいます。なんでも素直に考えないで、理屈をいって西洋医学で治らないものが他の方法で治るはずがないと。しかし私は鍼が治したとか身体のバランスを整えたら治ったという理屈よりも、治ったという事実が大切だと思います。人間は、理屈でばかりものを考えていると、理屈に合わないことは存在しないとつい思ってしまう。それが人間が今まで行なってきた大きな間違いの一つではないでしょうか。

さてバランスとはいったいどういうことかというと、今から四十五億年前に太陽から惑星が何個かできたわけです。金星とか、土星とか、火星とか、いろいろな惑星ができた。そのなかの一つが地球です。ところがなぜ地球だけに水ができて、生命ができたのか。これがバランスだと思う。金星は太陽に近い。だから太陽に近すぎてもいけない。火星は太陽から遠い。遠すぎてもいけない。太陽と地球の距離、引力、地球の大きさ、重さ、かたち、この神秘的なバランスが大事です。地球の周りに月がある。月と地球とのバランス。これが二十八日の周期で回転し、二十四時間で地球自身が回転し、一年三百六十五日で地球が太陽の周りを回転する。この神秘的なバランスのもとに地球上の水のなかに生命が現れたと私は思います。バランスによって生命が生まれたのです。

このバランスがなかったら地球という星が生まれてこなかったわけですし、しかも地球上に人間は生まれてこなかったわけです。

無限のもののバランスのもとに、あるものが誕生する。世の中はすべてこのような絶妙なバランスで成り立っているのです。この地球上でも、三十五億年前に生命が誕生し、今日までこの生命が続いているわけです。人間の頭で考えれば、人間だけ生まれても、ずっといのちが伝わるだろうと思うわけですが、宇宙はそんな仕組みにはなっていません。この地球上には、植物から虫から魚からばい菌から、そして無数の生物が生きていますが、この無数の生物がいて、お互いにバランスを取らないと、いのちというものは伝わらないようになっています。人間だけで生きようとしても、絶対いのちは伝わらない。すべての生物のバランスのうえに、このいのちというものが伝わるようなシステムになっているのです。それを今までは、多くの生物を人間に害をするからといって殺してきました。そして絶滅した生物もたくさんいます。こうしたことが続きますと、やがて人間もまた滅びるということになります。あらゆる生物との共存、共に生きるということによっていのちが伝わる。他の生物がいないと、人間もまた生きていけない。人間もようやくこのことに気づいて、最近やっと自然保護ということになってきたわけですが。

西洋医学は病原菌によって病気が起こるから、そのばい菌を殺したらいいというものの考え方で来ていますが、ばい菌もまた生物ですから、これを殺し続けるとやがてその反動によって、人間もまた滅びるということにつながります。ばい菌も含め、すべてのものと共に生きるというのが、人間の本当の姿ではないかと思います。

人体も宇宙と同じ仕組みです。すべてバランスによってできているのです。バランスが崩れたときがすべての病気の始まりです。

そういうところから、僕も医者だから西洋医学的なものも考えて、独特の考え方で治療をやっています。そのことを以前、大学の講義でもしゃべっていたわけだけれど、わかった学生は一人もいませんでした（笑）。

なぜわからないかというと、僕が形成外科を勉強したときに先生から頭の切り替えをさせられたのと同じことで、頭の切り替えができない。みんな唯物的な教育を受けているからです。唯物的なものの考え方では東洋医学は理解できないんです。西洋医学が本当だと思っている。検査して、病名を診断して、それで治療するというように洗脳されているから、その頭でいくら東洋医学を理解しようとしたって理解できない。だから一番最初に頭の切り替えをするぞ、そうしなければ東洋医学はわからないからと、そういう話をするんだけれど、学生は何を言っているかちんぷんかんぷんでわからない。いかに頭の切り替えが難しいかですね。

オウム真理教がなぜ出てきたか。あれは神のお知らせとか、宇宙のお知らせだと思うんですね。おまえたちはオウム真理教の信者のようにマインドコントロールされている、ということを人間に知らせているんだと思う。おまえたちは唯物論、理屈の世界でマインドコントロールされているんだ、だからいっぺんその世界から抜け出て真実を見なさいというのが、オウム真理教が現れた本当の意味ではないかと思いますね。

神の恵みと祖先の恩

——いま宮司は宇宙や身体のバランスとおっしゃいましたね。そのバランスが崩れて、それが病気である。それを正していくのが鍼とかつぼ、それが東洋医学の神髄（しんずい）であると。

それだけではなくて僕は医者だから、細胞の仕組みからも話をしています。いまから四十五億年前に地球ができたわけでしょう。そしてなぜかわからないけれど、水ができた。それで十億年たって三十五億年前に水のなかに生物が誕生した。一番最初にできた生物は何かといったら、単細胞生物ですね。細胞のなかに核があって、その核のなかに遺伝子を持つ生物ができた。

たとえばアメーバですね。ここにプランクトンみたいな餌が来ると足を伸ばす。そしてこれを体のなかに取り入れて生活する。細胞が一個しかない。脳も目も神経も血管も何にもない細胞が、どうしてここに餌があるというのがわかるのか。どうして足を出すのか。不思議ですね。これは遺伝子のなかの記憶によってやっているんですね。細胞は自分で生きているのではない。昔からの宇宙の記憶によって生かされているということになります。じゃあ、この遺伝子のなかにどんな記憶が入っているのか。それは、それまでの宇宙のなかの生命を生かす記憶が遺伝子のなかに入っているのです。

だから生物は自分で生きているのではない。宇宙の心というか、神の心というか、そういうものによって生かされているというのが、本当のことです。いま人間は自分で生きていると思っている。これが大きな間違いなんです。自分で生きている生物は地球上に一つもない。単細胞生物と人間は違うだろうというけれど、単細胞生物が無数に集まったのが人間の体です。だから人体の一個一個の細胞は単細胞生物と同じ働きで生きている。これらはみんな遺伝子の作用で生かされている。それは宇宙からの情報によって生かされているということです。これが本当です。神道では神の恵みと祖先の恩によって生かされている、自分で生きているのじゃないというのが基本だけれど、これは本当のことです。

じゃあ、祖先の記憶というのはどこにあるのかというと、生物は三十五億年間生き続けた。これが人間まで進化したんですね。どうやって生命をつないだかというと、動物、植物、すべて同じ仕組みで生命は続いているんです。

どういう仕組みかというと、まず細胞の核がくびれる。核のコピーをこちら側につくる。それで二つに切れて、片方が親、片方が子どもです。どういうことかというと、親の遺伝子を子に伝える。この仕組みです。地球上のすべての生物は親の遺伝子を子に伝えるというシステムで三十五億年生き続けています。だけどこの仕組みだけでは、いつまでたっても親と同じ子どもが生まれてしまうわけです。百パーセント子に伝わる。この仕組みはいいんだけれど、これでは進化がない。いつまでたっても親と同じ子どもばかり。それこそクローン人間です。

進化はどうやったかというと、親がいろいろなことを経験する。それを遺伝子の情報に入れるということです。進化したというのは遺伝子の情報が増えたということです。それは祖先の経験が遺伝子に入っている。最初は宇宙の情報、そこに三十五億年の祖先の経験がプラスされる。だから神の恵みと祖先の恩によってわれわれが生かされているというのは本当のことです。だからわれわれは神さまや祖先に生かされていることに感謝しなければならない。これが健康の基本だと僕はいつも言っているんです。

だから僕の東洋医学というのは、ただ鍼をしていたらいいというのではなくて、宇宙の仕組みはこうなっている。その宇宙の仕組みに従って生きるのが本当のことだと言っているわけです。生かされていることに感謝する。これが健康の基本になるわけです。

——感謝するこころが、健康の基本であると。

健康の話はいつもしているけれども、どうやったら健康になるかというのは、西洋医学でいう健康法とは全然違うことです。ジョギングをしたら健康になるとか、こんな食べ物を食べたら健康になるとかいうことではなくて、全くそんなこととは違って、宇宙の仕組みから見てどうやったら健康になるかということです。だからまず第一に、生かされているということに感謝しなさい。自分で生きていると思うから病気するんですよ。悩み、苦しみはすべて自分で生きているというところから出発する。自分で生きているということはあり得ない。そんな生物は一匹もいない。生かされているという本当のことを知りなさい。そうしたら感謝するこころが生まれるでしょうということです。

では、感謝とはいったい何かということになってくる。それを宇宙の構造から説明するわけです。例えば、お日さまは明るくて暖かいとみんな思っているでしょう。これが間違いだといっているんです。太陽の光は暖かくもなければ、明るくもない。それが証拠に太陽がここにあって、地球があって、太陽の光が地球まで来ているわけでしょう。太陽の光が明るくて、暖かいんだったら、太陽と地球のあいだの宇宙空間は明るくて、暖かいはずです。ところが、ここは真っ暗で、冷たい。なぜかということです。太陽の光は暖かくも、明るくもないんですね。

だけど地球では明るいじゃないかというのは、地球の周りに空気があるからですね。空気で反射すると光と熱が出てくる。反射しなければ光も熱も出てこない。空気がなかったら明るくもなんともないんです。空気の反射のおかげで光と熱が出てくる。これと感謝は同じことですよと言っているんです。

神のお恵みはみんな平等にいただいている。でも、ある人は不幸になり、ある人は幸せになる。なぜか、感謝ですよ。神の波動は感謝しなければお恵みとなって出てこないんです。だから宇宙の仕組みが科学でわかったら、宗教がわかると説明している。宗教と科学とは同じものですよ。科学がわかってそれで終わってしまうからわからないんです。反射したら光と熱が出るということがわかったら、感謝したら神のお恵みが出てくるということがわかるわけでしょう。そうしたら神からいただいているエネルギーが出てきますよ。感謝しない限りは出てこない。ジョギングしたって、うまいものを食べたって、そんなものは問題にならない。基本は生かされていることに感謝する。そうするといただいている恵みがエネルギーとなって出てくる。そういうことを言っているんです。

だから病気は鍼を刺したり手術をしたら、それだけでいいというのではない。まず神さま、祖先に感謝しなさいと。神さまや祖先に感謝しない人は術後の経過がどうなるかわからないから、おれは手術をしないというんです（笑）。だから病院には神棚をお祀りしている。入院したら、患者さんは毎朝感謝して手を合わせる。そうしないと結果がよくなってこない。人間の体はただのモノじゃないんだから、手術したら勝手に治るかというと、治らないんです。治すだけの力が出てこなければ治らないでしょう。そんなものはいくら栄養を取ったってだめです。やはり全てのものの根本となる感謝によって、宇宙からもらっている、祖先からもらっているエネルギーを出さなければ、本当には治りません。

——なるほど。

人間が誕生したわけ

これはなんのために人間がこの世に誕生したのかということと、深い関わりがあります。人間の進化の過程をずっと過去に遡っていくと、三十五億年前に水のなかに生命ができて、四十五億年前に地球ができて、それからさらに百五十億年前にビッグバンで大宇宙ができて、無数の星ができた。そしてさらに遡ると「無」というところにまで到達してしまうわけです。それではその「無」に何があったのか。「心」があった。どんな「心」があったか。そうすると、どう考えても一番最初にある心は、人間をこの地球に誕生させようという神の心だと思われるのです。人間は決して偶然で誕生したのではありません。特定の意志、神の心、これがなければ地球、人間は出てこないということに到達する。すべては心が原点だということです。心がなければ、この世の中に何も出てこないのです。

例えばこの茶碗一個だって、だれかが茶碗をつくろうと思わなければ出てこないでしょう。いくらオートメーションでも、最初につくろうと思わなければ出てこないというと、やはり原点は心だということになってきます。そうすると当然のことながら、人間の健やかな体は、いい心、健康な心を持たない限り出てこないんです。ブーブー言って、不平、不満を言っていると決して健康な体は出てこない。自然はそういう仕組みになっているわけです。だからまず感謝して、健康な心を持ちなさい。そうしない限り出てこない。宇宙はそういう仕組みになっている。そういうことを言っているわけです。

それではなんのために、宇宙の心というか神さまはこの世に人間をつくろうとしたのか。われわれはよく目で見えないものは信じないとか、科学で証明されないものは信じないと言うけれど、永久に見ることができないものが一つある。どんなことをしても永久に見ることができないもの、それは何か。自分自身ですね。自分で自分を見ることができない。鏡に映したり、写真に写しているのは影を見ているだけです。だから自分で自分の顔を知らないわけでしょう。ただ鏡に映っているのを見て、こんな顔かなと想像しているだけでしょう。これが本当かどうかはわからない。自分の顔は人から見てもらわなければわからない。人から言われない限りわからないですね。

だから女の人だったら、人から、あなた、きれいねと言われたら、あっ、私はきれいなのかなと喜ぶ。男だったら、あなた、素晴らしいな、すごいなと言われると、そうかなと自信が出てくる。神さまもまた自分で自分を見ることができない。だから自分を誰かが見て神の真実の世界を表現してくれる生物を作ろうと思われたに違いない。それで人間という生物をつくって、真実の世界を見させようとしているわけです。これが人間が生まれた目的だと私は確信しています。だからわれわれは真実を見なければいけない。それを伝えなければいけないと思います。

今われわれは、自分のことばかりやって宇宙を見ていない。だから間違っているんです。われわれは宇宙がいかにすばらしいかということを伝えて、神さま、すばらしいねと言ってあげなければ、神さまだってわからないんですよ。神さまも自分で自分を見ることができないんです。自分で自分を見ることができるものは宇宙に存在していない。人間が見なければいけないわけです。見られることによって神の本当のエネルギーが出てくるんです。ですから、健康になりたかったら細胞を認めて褒めてやりなさいと言うんです。無数の細胞一個一個におまえはよく働いてくれるね、すごいね、おかげでおれは健康だ、ありがとうと認めてやったら、細胞がエネルギーを出してくれるよと言うんです（笑）。

それを認めないで、自分の体だと思って一つも感謝しない。だから細胞が怒って病気になるんですよ。五十肩ってあるでしょう。なかなか治らない。そういう人が来ると治らないと不平を言うんですね。鍼をやってもなかなか治らない。先生に何回やってもらっても治らないと言う。だけどあなた、自分の肩に感謝したことがありますか。そう言うとみんなびっくりする。

そうじゃないですか、長年の間重いものを持ったり、字を書いたり、すべてこの手はやってくれているではないか。それをあなたは一度でも感謝したか。だから肩は怒っているんだよと。だから認めてやりなさい。申しわけなかった、いままで認めないでごめんねと言って撫でて、ありがとうと言ってあげなさい。そうしたらすぐ治りますよ。それをやらない限り、鍼をやっても意味がないよと言うんです。僕はこれは本当だと思っています。人間で一番嬉しいのは認められるということでしょう。一生懸命やったのを誰も認めてくれなかったら、これほど哀れなことはないでしょう。力が出てこないですよ。歌手だってみんなで大騒ぎするから歌うことができる。劇場へ行って誰もいないところで一人で歌えといっても歌えない。お客さんがいるからできるんでしょう。野球だってそうでしょう。ファンがワーッというから打てるんで、野球場に一人もいないところで打てといっても打てない。認められるということがエネルギーが出る原則ですね。そういう仕組みになっているんです。

食べ物でも、潜在的に認めてほしいという願いがあるわけで、調理されて食卓に並び、人にすばらしい、おいしいという感激のパワーを与えられると、食べ物はさらにその持てる生命力パワーを出し、さらにおいしくなる。当然のことながら、まずいと思って食べると、食べ物もおいしさのパワーを出さず、食べ残して冷蔵庫にでも入れようものなら、そのパワーがなくなってしまい、おいしさが半減するといったことをどこかで聞いたことがあります。私はこの話を本当のことだと思うし、生きとし生けるものすべてに当てはまる真理だと思います。

人間は人に褒められ感謝することによって、実力以上の力を出せるものです。これを男女の関係に当てはめると、さらにわかりやすく、そして興味深くなりますね。男は女房に褒められ認めてもらいたくて一生懸命に働き、そして褒められると喜んでもっと認めてもらおうと頑張ります。他から認められて嬉しいのは男も女も同じですが、男性はなかなか自分自身をすばらしい男性であると認めにくいのに対し、女性は自分自身を美しいと認める能力が強い。つまり女性は自分自身と男の両方から認められる、ダブルパワーで生きていますから、当然のことながら男よりパワフルに生きることができるのです。美しい、魅力的だと賞賛される女性がさらに美しく、そして魅力的になっていくのは、周囲からのパワーと自己パワー、その相乗効果ですね（笑）。

ガンとボケを治す法

――鍼を打って治るという、その向こう側が大切だということですね。そういう意味でいうと、今よく問題になっているボケ老人のボケというのは、どういうことになるんですか。

あれもそうなんですね。細胞は遺伝子のなかに、医学的にいうとアポトーシスという作用が記憶のなかに入っている。アポトーシスというのは日本語でいうと枯れ葉が落ちるというような意味です。どういうことかというと、細胞は自分が認められないと自分から死んで、消えて、自殺するという記憶がある。だから本当に細胞を認めないと消えてしまうんですよ。

――細胞が自発的に消えるんですか？

消えるんです。なくなっちゃう。手術して一週間でも寝ててごらんなさい。足が細ってしまって歩けないでしょう。あれは寝ていると足の細胞が、ご主人さまは私を必要としないなと思うんですね。歩かないから必要ないんですね、じゃあ、はい、さようならと、パーッと消えていくんです。だから力が出なくなるんです。

それと同じことが脳の細胞にも出てくる。年取って脳を使わなくなる。ゲートボールとか、老後をのんびりとなんてやっていると、私はもう必要ないんですね、はい、さようならと消えてしまう。だからボケ老人の脳はほんとに小さいですよ。普通の人に比べたらずいぶん違う。なくなってしまうんです。だからぼけないためには脳に感謝し、使えと言うんです。絶えず新しいことに向かって興味を持て、使え、そうしたらぼけない。使わないからぼけてしまうんです。これは本当ですよ。

だから会社の社長が現役から引退するとぼけるとよく言うでしょう。社長のときは一生懸命やったけれど、終わってしまったらおれはもう用はないんだと思うと、脳の細胞が、ああそうですか、用はないんですか、はい、さようならと消えてしまう。ぼけてしまう。だからぼけたくなかったら死ぬまで頭を使うことです（笑）。

そんなことを言っても何も使うことはないじゃないかという。ところが、あるんですね。一歩でも神に近づこうと思ったら、死ぬまで頭を使えます。神とはなんぞや、神に近づきたい。仏でもいい。近づきたい。どうしたらいいのかと。そうしたら頭を使いますよ。脳の細胞が働く。ぼけません（笑）。

私は医者のころ、おれはぼけないと思っていたんです。というのは私は専門の形成外科の本をのべつ読んでいた。つねに雑誌が来るでしょう。いつも読んでいる。これだけ勉強しているんだからおれはぼけないと思っていたんですね。ところが五十いくつかになって神道の勉強をはじめたんです。そうしたら『古事記』、『日本書紀』とか、わけのわからない教科書が来た。なんにもわからない。読んでも全く頭に入ってこない。僕は唖然とした。これはぼけると思いましたね。

僕がいままで勉強していたというのは勉強じゃないんです。形成外科の知識があるものだから、頭を使わなくても本を読んでいてわかるんですね。全然使っていない。唖然として、これはいけないというので、それから神道の勉強をむちゃくちゃにやりました。そうしたら後頭部がスーッとしてきた。それから頭が冴えてきてしまって、なんでもわかるようになってきてしまった(笑)。神道の勉強を七、八年やりました。神職にはいろいろ階位がありますが、最高の階位を明階といいます。これの検定試験は非常に難しくて毎年多くの神職が受験するが、ほとんど合格しない。私はこの試験に合格するまで一日も休まずに神道というものを考えて、考えて考え抜いた。そうするとスーッとした。それからいろいろな本を読んでも頭に入ってくるようになったんです(笑)。

とくに定年で仕事を退職したらチャンスだから、いままでの専門以外のことを大いにやったらいいと思います。会社なら会社でやっていることは自分の専門の仕事だから、頭を使わなくても長年経験しているからやれるんです。それはじつはあまり頭を使っていないんですね。だから定年を機に全く違ったことをやることです。

というのも、ある東大の数学の教授が本を書いていますが、同じことを言っています。世界のノーベル賞をもらうような数学者はみんなひらめきによって問題を解いているが、数学だけやって、ひらめいた人は一人もいないというんです。どうやってひらめくのかといったら、花はきれいだと思わなければいけない。数字をいくら計算したって、ひらめき、答えは出てこない。全く違った俳句だとか詩だとか、そういうものに興味を持てと言っています。そうしないと頭はひらめかない。それは本当のことですね。

一つのことをやっていて、いかにも頭を使っているように思えるけれども、始めからもうわかっているんですね。あんまり頭を使わなくてもわかってくるんです。それでは脳は退化するということです。全く違うことをやりなさい。そうしたらひらめくし、ぼけない。

だから僕は老人会で講演する時、いつもそう言っているんです。たいていの人は老後は余生を悠々と、といって夫婦で旅行する、ゲートボールだと。自分でボケコースを辿っているんです。それで、老人ボケでみんなの厄介にならなければいけない。そんなことに国家予算を使うから赤字になる。みんなおれと同じことをやってごらんと（笑）。いまの健康保険の何兆円というのは、みんないらなくなる。病人がいないから病院が潰れる。医者は一人もいなくなる。いいじゃないですか、医者が一人もいない日本ってすばらしいじゃないですかと（笑）。そうしたら税金は安い。そういう社会になればいいと言うんです。

税金が高いというのは自分で税金を高くしているんですよと（笑）。

――病気を見ていて、治る病気、治らない病気はありますか。

僕が医学部に入って驚いたのは、なんて治らない病気が多いんだろうかということです。膨大な数の病名が本に書いてあります。そのうちの、九十何パーセントは治らない。治らない病気にはかかりたくないと本当に思いました。普通の人が見たこともないような病気の人がたくさん大学病院には来ています。ほとんどは治らない。それは見るも哀れなことです。自分がそうなったときどうしようかということで真剣に考えました。結局到達したのはこの世に病気なるものは存在しないということです。東洋医学のいうように、すべてバランスのくずれが、そのような病気として現れているだけだという結論に達したわけです。

だから極端にいえば、ガン細胞なんていうのは存在しないんです。あれはバランスがくずれて、脳の統制に従わない細胞なんです。われわれの細胞は常に古い細胞から新しい細胞に新陳代謝することによって生きている。それは脳からの指令で体のバランスが維持されて、古い細胞が新しい細胞に正しく遺伝子を伝える、その仕組みでわれわれは生かされている。

たとえばお風呂で垢が出るでしょう。これは新陳代謝によって皮膚の古い細胞が落ちて、それがゴミと一緒になったものです。生まれてから今までに僕の手の甲の皮膚は、ずっと手の甲の皮膚なんです。手の甲に胃袋ができたり、腸ができたりはしない。なぜかというと、手の甲の細胞には手の甲の細胞だよという記憶、遺伝子が入っている。それを次々と正確に伝えているから、いつまでも手の甲の皮膚なんです。それを伝えなくなったのがガンです。いうことをきかない。自分勝手に分裂する。最後には人間を殺してしまうわけです。

だからいまの社会と同じで、統制に従わないで勝手にやっていると、ついには国も滅ぼしてしまうのと同じ仕組みなんです。だから統制に従って、遺伝子を次々に伝えていたら、ガンなんてないわけです。ガン細胞だって新しい細胞が古い細胞に代わって増えていくでしょう。新陳代謝しているのだから、逆にどこかでガン細胞を断ち切って、新しい記憶の細胞にガン細胞がなればガンは消えるわけです。次から次へとガンの細胞を出すから死んでしまう。新陳代謝はしているんですね。だからどこかでもとの細胞が正しい記憶に戻れば、次から出てくる細胞は正常な細胞になってくるんです。だからガンが突如として消えてしまうことがあるのは、当たり前なんです。

ところが当の本人がそれをやらないから、いつまでたってもガン細胞がどんどん出て、しまいには死んでしまうことになる。それにはどうしたらいいかというと、生かされていることに感謝しなさい。バランスを取り戻しなさい。そうすればどこかで正常な細胞に変わりますよ。そうしてあとは次から次へと正常な細胞が出てきますよ。もとのガン細胞は消えてしまいますよ。これは事実です。

それができたらガンも恐ろしくない。だけど残念ながらガンをつかんでいる。おれはガンだ、もう命はないと、自分でガンをつかんでいることに気がつかないのです。

——ガンをつかんで離さない。

ガンを離さない。だから死んでいくんです。僕はガンなんてないんだ。ただ細胞が間違っているだけだ。だから正しい細胞に戻せばいいんだ。そういうバランスですね。発想の転換によってガン細胞が完全に消えてしまうことがある。そういう人をいくらでも見たことがありますし、僕自身も経験しました。

戦争中お尻におできができたんです。薬もないし、そうしたらうちのおふくろが裁縫ばさみを火であぶって消毒して、これで刺して膿を出した。そのあとがケロイドになって困りました。昔は学校で泳ぐときはいまみたいにパンツじゃない、ふんどしです。そうするとケロイドが見えるでしょう。それが僕は本当に嫌だと思っていた。ところが、前にも話したように結核が重くなって死が目の前に近づいたとき、一冊の本で、神に生かされていることを教えられ、ありがたくて感激して泣けて泣けて、気がついたら結核が奇跡のように消えていましたが、一緒にケロイドも消えていたんです。なくなっちゃったのです。そのとき、誰もが全くの奇跡だと思いました。

——結核と一緒にですか。

ええ。なくそうと思ったんじゃないですよ。感謝感激して結核が消えたら、ケロイドも共に消えたんです。いまはありません。というのはケロイドだって新陳代謝するわけだから、次々とケロイドの細胞ができていたわけでしょう。それは僕がそういう心を持っていたからです。ところがそのときに、一瞬、正常な細胞に戻ったわけです。そうしたらできていたケロイドも溶け落ちてしまった。ガンだって同じことですね。

三十五億年前の記憶

——それは最近言われている自然治癒力ということとは……。

治癒力というか、宇宙の仕組みなんですね。宇宙はそういう仕組みでできている。バランスによってできているということなんですよ。人間の体も宇宙と一つだから、宇宙と同じ仕組みでできているということです。

だから人間の頭というのは大したことはないですね。東大を出て秀才だとか、プロだといっているけれど、経済のプロがバブルが崩壊したら倒産するんだから、プロというのも大したことはないですね（笑）。経済博士だったらそれを見通せなければいけないのに、見通せないで同じようになって滅びていくのでは、経済博士でもなんでもないと僕は思う。だからプロなんて大したことないんですよ。そんなことよりも、世の中の真実、宇宙の本当の姿を見ることです。それが人生の目的なんですから。そしてそれを伝える。人間というのは死ぬまで後輩に遺伝子の情報を伝えていくというのが人生の目的です。

だから健康で長生きして、若い人たちに、どうだ、こうやって生活すれば、健康で長生きするんだと、それを伝えていくのが年寄りの義務だと思います。死ぬのも、ただ死んだらいけない。立派に死んで、すごい立派な死に方をするなということを若い人に伝えていかなければいけないんです。だから病院でたくさんの管を通され点滴を打たれて死んだりするのは、あんなのはだめなんです。ぶざまな死に方をしないで、死ぬときは自分の家の座敷で大往生で、みんなに看取られながら、立派だな、おじいちゃんすごいなと言われて死んでいくことです。そうして真実の死の姿を若者に伝える。これをやるのが年寄りの仕事です。そうしたら若者はみな年寄りを尊敬すると思いますね（笑）。

先日、新聞に書いてありましたが、与論島では病院に入院している患者さんが、いよいよ危なくなると、その患者さんの家に搬送するということが行なわれているそうです。これは、自分の家で死なないと魂は成仏しないという日本人古来の死生観が残っていて、死ぬということは生きていることと深くつながっているという習慣の現れだそうです。私はこの記事を見て本当に素晴らしいと思った。祖先から受け継いだ生命を、永遠に伝えて行こうという日本人の人生観が、まだこの島に残っているということを知って何か救われた思いをしたのは、私だけではないと思います。

立派な死に方でありたい。私の夢です。できるかどうかわからないですけれどもね(笑)。

――いいお話ですね。ところで人間の体で血行が非常に重要だというお話がありましたけれども。

血液は栄養分と、赤血球によって酸素を全身に運ぶわけだから、血液が来なければもちろん生きていけないわけです。

僕は傷がどうやって回復するのかというので博士論文を得た。そのとき顕微鏡でずっと見ていて、ネズミで実験したんだけれど、生物の体はすごい仕組みになっているなと思いました。三十五億年間の記憶が遺伝子に入っているわけだけれど、怪我をすると三十五億年前の記憶がよみがえるんです。

どういうことかというと、傷を受けるでしょう。普段、われわれは酸素で糖分を燃やして生きている。糖分を燃やすためには酸素が必要なんです。そのために血液が肺にいって酸素を持ってくる。そういうふうにして生きています。ところが怪我をすると、傷からある程度の範囲は血液が来なくなり酸素がなくなってしまう。傷の周りには細かい血管がいっぱいある。出血を止めなければいけない。血が止まらなかったら死んでしまうでしょう。どうするかというと、瞬間的に血管が収縮するのです。そうすると血液がいかない。酸素がなくなる。本当なら組織は死んでしまう。ところが、ここで三十五億年前の記憶がよみがえるんです。

最初は地球上に酸素がなかった。二十五億年ぐらいの間は酸素なしで生物は生活していた。酸素を必要としないで生きていたんです。それから途中で葉緑素を持った藻ができて、光合成によって酸素をつくって、それが地上に出て充満し、空気ができて、生物が酸素で生きる仕組みに変わってきた。それまで二十五億年ぐらいは酸素なしで生きていたんです。どうやって生きていたかというと発酵です。酸素を使わないでエネルギーを出す。これはすごいものだと思います。

普通はどうやってわれわれは生きているかというと、われわれが食べたものは全部肝臓にグリコーゲンというかたちで栄養をたくわえているわけです。エネルギーを必要とするとき、これを糖に分解する。糖にして、これを燃やす。この過程で酸素が必要になります。

燃やして、炭酸ガスと水が最後にできる。炭酸ガスは呼吸で出し、水は尿で出す。こういう仕組みでわれわれは生きているんです。ところが傷が開いて、酸素がなくなってしまうと、この仕組みが変わるんです。グリコーゲンを酸素を必要としないで、エネルギーに変える。そして細胞を生かして傷を治そうとする。すごい仕組みなんですね。

たとえば植皮があるでしょう。皮膚を薄く切って、貼って、なんで生きるのか。皮膚には血液も何もない。薄っぺらな皮膚の破片でしょう。どうしてか。三十五億年前の記憶がよみがえるからです。酸素なしで細胞を生かす。この過程だけで生きる仕組みに瞬間的に変わるんです。これはすごい仕組みです。どこからそんな仕組みが出てくるのか。恐らく遺伝子からでしょう。こうやってわれわれは生きている。だからわれわれは大昔の三十五億年前の記憶を持っている。それで生かされているんです。

これは傷だけではありません。病気が治るのだって、たとえば胃潰瘍はどうして治るのか。同じ仕組みです。三十五億年前の記憶を出している。それで治ってくる。出さないやつは治らないで死ぬんです（笑）。だから三十五億年の記憶を伝えてきてくれた祖先に感謝する。これは当たり前の話です。三十五億年前の記憶がよみがえる。そうするとこの仕組みで傷が治る。傷はこの仕組み以外では治らない。現在の生き方では傷は治らないんです。三十五億年前の記憶をよみがえらさない限り、傷や病気は治らない。人間の体はこういうシステムなんですね。

だから私たちは、現在の医学の知識の範疇で生きているんじゃないんです。その瞬間にご先祖さまと、三十五億年前の記憶との出会いがあるのです。これをやってごらんなさいというんです。たちどころにガンも治る（笑）。これは本当の話です。僕はこれで博士号を得たんですから（笑）。四年間顕微鏡で毎日見ていました。これは愕然としますよ。本当にその神秘さに驚きます。三十五億年前の記憶がよみがえったなんて、誰も知らない。本当に瞬間的によみがえるんです。

――傷ができると、一瞬にしてそうなるんですね。

よみがえるんです。それで傷の周りの細胞を生かし、そして外周からエネルギーを与えて傷を治していくのです。

――ついでと言いますか、今問題になっているエイズやそのあたりのことについては、どうお考えですか。

外国から文化が入ってきたと言うけれど、それにともなって必ず病気も入ってくるものです。だから最初、縄文時代の日本には、病気は少なかったんじゃないかと思うんです。そして弥生時代に入っていろんな国との交流が始まり、特に大陸からの文化と共にいろいろな病気が入ってきたのでしょう。ですから今、日本で行なわれているお祭りの多くは、病気を鎮めるお祭りです。祇園祭もそうですし、葵祭だってそうですし、神田祭だってそうです。これらは皆、病気を鎮めるお祭りです。いかに昔の日本人が外から入ってきた病気を防ごうかと必死になっていたか想像できます。春日大社でもそうです。境内の北方に水谷川が流れ、そこに水谷神社が鎮座しておりますが、これも疫病を防ぐ神社です。

昔は医学がなく、病気の正体がわからなかったから病気をお祭りや祈りで防ごうとしていたが、今ではその原因がウイルスやばい菌であると解明されたので、そんなばかげたことをやらないんだという人がいます。いったいどっちが本当なのか。お祭りによって病気、伝染病を防ぐのが非科学的であって、これを薬で殺すのが科学的なのでしょうか。医者の私がいうのもおかしいけれど、私はお祭りによって病気を防ぐほうが本当の医学に近いと思います。

ばい菌は常に身体のなかに入ってきています。空気中にもいっぱいばい菌はいますけど、それでも私たちが病気にもならなくて健康で生活できるのは免疫という作用があるからです。どういうことかといいますと、体内にAというばい菌が入ってくると白血球とかリンパ球のなかの免疫細胞が関係してA′という抗体が作られます。つまりAというばい菌が入ってくると瞬間的に細胞の遺伝子が活動し、たちどころに免疫細胞の遺伝子が働いてA′という抗体を作って対抗するため、われわれは日々健康で生活できるのです。なぜA′という抗体ができるのかというと、これはＤＮＡに含まれている祖先の記憶のおかげなんです。何百万年か前には、恐らくそのＡというばい菌によって祖先がばたばたと死んだんだと思うんです。ところが、そのなかの誰かがＡ′という抗体を作ってくれて防いだ、そのおかげで病気にならなくなった。ばたばた死んだ祖先の子どもは今ここにはいない。Ａ′という抗体を作って、生き残った子孫だけが今生きている。これが進化なんです。つまり体が変化しているのです。ところが今、体が抗体を作る前に、医薬品でばい菌を殺してしまう。薬で病気が治ったって喜んでいるけど、順応せず抗体を作らないぶん、人間は退化しているんですよ。

本当の医学というのは、ばい菌を薬で殺すんじゃなく、Ａというばい菌が入ってきた時これに打ち勝つ本物の体を作る、ということでなくてはなりません。人間というのは進化していかねばならないし、耐えて進化することによって人間は生きていけるんだと思います。しかし今の西洋医学を中心とした治療は全くその逆をやっています。これでは人間は退化するよりほかありません。

今エイズという病気に罹りますと百パーセント死ぬと言われています。エイズは、エイズウイルスが体の免疫細胞の遺伝子を破壊して、体に免疫力がなくなるので、抵抗力がなくなって死ぬのです。これはエイズという病気を日本人が経験して、まだわずか十年かそこいらしかたっていないからです。思いますに、これから何百年か、さらに何千年かたったら、エイズに対する抗体を持った日本人が現れるでしょう。そうするとエイズという病気は恐ろしくなくなる。つまり進化するわけです。こうやって人間は段々と進化して神さまに近づいていかなくてはならないのに、薬ばかりに頼るから人間の体はどんどん退化していく。私はこれは間違っていると思います。だから私は薬を絶対に飲まない。飲まないで死んだら本望ですよ（笑）。祖先からいただいた抗体に頼る。なんでもかんでも薬に頼らないで、自分の内なる力で病気を治す。どうしてこれをしないのかと思うんですよ。どうやったら自分の力で治すことができるのか。それを考えて、そしてどうしてもあかんという時は、まあ薬の助けを借りたらいいと思うんです（笑）。

自然の生活

——ところがわれわれは、風邪をひいたらすぐに薬を飲んでしまいます（笑）。

インフルエンザはインフルエンザウイルスによって起きるんです。ウイルスというのは生物ではないんですよ、ものでもない。ものと生物の中間の、まか不思議な存在がウイルスです。ばい菌というのは細胞を殺します。ウイルスはどうするかというと、細胞の遺伝子を破壊するんです。ばい菌とウイルスは全然違う。ウイルスは生物でないから、生きていないから薬では殺せない。茶碗を殺せといったって殺せないですね。破壊することはできるけれど、生きていないんだから殺せない。しかしウイルスの活動を押さえることはできるんです。

人間の体はどうやっているかというと、インフルエンザウイルスは体温が三十六度から三十七度のときものすごく活動する。それが三十八度、九度になってくるとシュンとしておとなしくなってしまうんです。それで人間の体はウイルスをやっつけようと思って三十八度、三十九度、四十度と熱を出す。そうするとびっくりして、お医者さんに行くでしょう。熱を下げてくれということを言うわけです。医者は下げてはいけないと知っていても、下げなかったらあいつはやぶだと言われかねない（笑）。それで、仕方がないから解熱剤を出す。そうするとせっかく体がウイルスをやっつけているのに、薬で熱を下げてしまう。熱が下がってまたウイルスが元気になってくる。そうするとインフルエンザがなかなか治らない。そのウイルスが体外に出ていくから、それが広がって病気が流行する。悪いのはウイルスではなくて人間が悪い（笑）。まさしく悪循環ですね。

一番最初にインフルエンザにかかった人間が卵酒でも飲んで、布団にくるまって汗が出るまでやっていてくれたらそれで終わりなんです。蔓延しないんです。だけどすぐ解熱剤を飲んで、待たないでしょう。患者が悪いんです。

インフルエンザウイルスというのはインフルエンザを起こすためのウイルスとは違います。いまも言ったように、ウイルスは遺伝子を破壊するのが目的なんです。そのために地球上にいるわけです。人間でも動物でも死ぬでしょう。死んで、体は腐ってなくなるけれど、遺伝子は残っている。遺伝子は生物じゃないから残っているんです。その遺伝子を利用して、次の遺伝子をつくって、新しい生物に入れなければ生物は生まれてこない。それをやるのがウイルスなんです。遺伝子を破壊して、組み立てて、ほかの生まれてくる生物に遺伝子を入れるのがウイルスの役目であって、何も病気を起こすためにあるのではないんですね。

それぞれのウイルスによって好む情報が違うのです。この情報はこのウイルスが破壊するというように、決まっているんです。たいてい病気を起こすウイルスは、遺伝子のなかの不自然な情報を好んで破壊しようという作用がある。だから不自然でないところにはやってこない。人間が不自然な情報を遺伝子のなかに持つからやってくるんです。不自然な情報を持っていなかったら、ウイルスなんて寄ってこない。ウイルスが不自然な情報をキャッチしているから、あそこに不自然な情報、遺伝子があるなと、それに向かってやってくるんです。人間が呼んでいるようなものです。だからご先祖さま、神さまありがとうございましたと。自然の情報ならウイルスは寄ってこないんです。

——インフルエンザにかかるというのは、不自然なものがあってそれで……。

あるんですね。本当はそうなんですよ。勝手に入ってこない。自然はそんなことになっていないんです。テレビと同じで、テレビの電波がどうしてテレビに映るかといったら、テレビのほうで同じ波長の電波を出すから、共鳴するわけでしょう。そこで映ってくる。このシステムです。だからウイルスが出している波動と同じ波動がこちらになければ、こちらに寄ってこない。ウイルスだって遺伝子を持っているんだから、波動を出しているわけでしょう。それと同じ波動を持っている人間を狙っているわけです。あそこに同じ波動があるというとピューッと来るわけです。その人がウイルスを好んでいらっしゃいと言っているようなものです（笑）。

私が大学病院の皮膚科にいた時、先輩から聞かされた話があります。それはどんな話かというと、娼婦と遊びでセックスする。もしその女性が梅毒にかかっていると、相手の男性に感染することが多い。その男性が病院に治療に来た時、当然のこと一番感染の危険がある奥さんも呼んで検査する。ところが、感染するはずの奥さんで、これが梅毒にかかった女性はなぜか非常に少ないということです。これが当時、医学の七不思議と呼ばれたものです。

梅毒がセックスによってうつるのは常識だが、セックスをしたら必ずうつるともいえない。言えるのは、遊びでする不自然なセックスでは梅毒になりやすく、夫婦間の正常なセックスでは感染することが非常に少ないということです。なぜか。正確な理由はわかりません。が、考えられることは、女性の膣は非常に厳しい環境に作られている。一回のセックスで、男性から放出される精子は一〜二億個であり、そのなかから丈夫な精子を選ぶために、膣を通る間にほとんどの精子を死滅させる。わずかにその厳しい環境を耐え抜いた丈夫な精子だけを子宮のなかに入れ、しかもそのなかから一個を選んで卵子が受け入れるということですね。だから奥さんの正常な膣は、梅毒のような菌も殺してしまうから、感染しないのかもしれません。

近頃の若い女性で、フリーセックスなどといって不特定多数の男性とセックスしたり、あるいはダイエットといって不自然な生活をしたりする人がいます。男性の側の問題もありますが、これでは膣の状態が正常でなくなり、性病に罹りやすくなるかもしれないし、妊娠したりすると正常でない弱い子どもが生まれたりする可能性もあります。

親の持っている遺伝子を確実に受け継ぎ、しかもそれを次の世代に確実に伝えていく丈夫な強い子どもを生むのが、生物本来のセックスの姿です。とにもかくにも、セックスは不自然な遊びでやるものではなく、立派な子どもを生むための、聖なる自然な行為でなければいけません。

だから不自然、自然に反することがどんなにたいへんなことかということです。だけどわれわれはみんな自然に反することばかりやっているわけだから、病気になって当たり前ですけれどね（笑）。自然の生活ができたら病気なんかはしないんだけれど、病気はすべて不自然さから起こるんです。自然の生活をしていれば病気なんかは絶対起こらない。いわゆるバランスが崩れている。そこから病気が起きる。これは大原則です。

——いまはたいへんですね。環境汚染とか、いろいろな公害で病気が起こりますね。

大気汚染だとか公害が原因で病気が起きたという、そしてそのための研究がいろいろ行なわれます。それはそれでいいのだけれど、だけど同じ条件の環境で生活しながら、病気にならないで健康で生活する人もいるでしょう。なぜ病気にならないのか研究することも有益だと思うんです。そうすると結論は自然の生活をしていれば、抵抗力があって病気にならないということがわかってくる。だから自然の生活をしなさいと言っているんです。

以前、O－一五七感染の原因としてカイワレや給食等が挙げられ、その対策としてなんでもかんでも消毒することばかり報道されていました。加えて、なぜ子ども、老人に集中して食中毒が起きるのかということばかり取り上げられていましたが、私は食中毒にならなかった、発病しなかった大勢の人々について、どうして発病しなかったのか、そちらに目を向けるほうが大切じゃないかと思います。

要するに、これは現代人の抵抗力のあるなしの問題です。つまり今の子どもたちがいかに抵抗力が少ないかということを証明したような出来事で、これは大変なことだと思います。つまり、かかった病気を治すことはもちろん重要なことですが、その前に、病気にならないよう抵抗力をつけること、食中毒を起こさないよう子どもを育てるのが、本当の生活、自然の生活じゃないかと思っています。

——自然の生活というのはバランスとか、あるいは……。

そういうことです。感謝の心です。感謝していたら間違いないですね。あらゆることに感謝するのが自然の生活ですからね。一番できないのは女房に関してはこれができない（笑）。これができたら亭主は健康です。一番難しいのは女房に感謝、女房は亭主に感謝です。一番難しいことに挑戦して、世界中、夫婦がお互いに感謝し合ったら、平和で、幸せな世の中がやってきます。戦争もなくなりますね。病気もないし、医者もいらないという世界になります（笑）。これは本当のことです。

第三章　神道のこころ

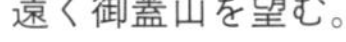
遠く御蓋山を望む。

春日大社と日本人

——今日はとても暑い日ですが、春日大社の神域に入った瞬間、スッと涼やかな風に包まれました。春日大社の聖域はとても広いんですね。

春日大社[*17]の歴史はいろいろな本にたくさん書かれています。奈良の都ができたとき、奈良の都を治めるために一番最初に関東の鹿島神宮[*18]の神さまを迎えて、御蓋山（みかさやま）の頂上にその神さまが来られた。それがそもそものはじめです。それからあと香取神宮[*19]の神さまが来られ、枚岡（ひらおか）神社から藤原氏の氏神の天児屋根命（あめのこやねのみこと）、比売神（ひめがみ）をお呼びして、四柱の神さまをお祀りして、春日大社ができました。

17　**春日大社**　国家守護の神として、また藤原氏一族の氏神として奈良時代の神護景雲二年（七六八）に創建。武甕槌命（たけみかづち）、経津主命（ふつぬし）、天児屋根命、比売神の四柱の神を祀る。日本を代表するお社として現在でも、全国からの参詣者が絶えない。

18　**鹿島神宮**　茨城県鹿島郡に鎮座。ご祭神は武甕槌神。神武天皇皇紀元年の創建と伝えられる。春日大社創建の折、最初に武甕槌神が榊を依代（よりしろ）として白鹿で勧請されたという。三月九日の祭頭祭は、関東三大奇祭の一つ。

19　**香取神宮**　千葉県佐原市に鎮座。ご祭神は経津主神。日本建国神話で鹿島神宮の武甕槌神とともに国譲り交渉に活躍。社は下総国の一の宮として厚い尊崇を受けてきた。

歴史上そういうことになっていますが、私はいつも思うんですね。なぜそういう神さまをここへ呼んでこられたのか、なぜ御蓋の山の上に神さまをお呼びしたのかということを、歴史ではなくて、「本当の自然」からいつも考えているんです。

日本人と西洋の人間と根本的に考え方が違うのは、西洋に限らずほかの国々の人は唯物的というか、理性的ですね。そういうものの考え方で発展してきた文明、文化だから、常に人間の理屈で全部考えて、やってきたわけでしょう。ところが日本人はたぐいまれな民族で、直観で物事を感じてきた。どっちが優れている、劣っているというのではなくて、全く違うということです。

神社はお寺よりももっと古くからあったわけですから、どういうところに日本人が神社を造ったのかということです。それは単に西洋の人なら理屈で、ここには神を祀って、神を崇めて、みんなを統制するのにいいところだ、そういう考えでおそらく決めると思うんですけれど、日本人はそうではなくて、直観で、いまでいえば神聖な場所というか、霊的な場所を知る能力が非常に強かったと思うんですね。

具体的に言うならば、今度の神戸の大震災が起きたのは神戸の下の地層に断層が通っていて、そこで地震が起きて、ああいう大被害が起きたという。でもこれは科学とか、そういうものの理屈で考えるからそういった解釈になるんですね。本当はそうではなくて、断層の上は地中から出る生命のすばらしい波動、エネルギーが地上に出てきている場所なんです。神の波動が地上に出てくる最もいい場所です。そういうところを昔の人は知っていたから、そこの上に神社とか建てていたわけです。いまでも調べてみると、断層の上に多くの神社が建っています。下からの神の天然の波動を受けている。ですから、そこから出る水は昔から、ご神水だとか、霊水だとか、神さまの井戸とか呼ばれた最高の水でした。そういう波動を含んだ水だから、それを飲んだら奇跡が起きるとかいうこともあるわけです。昔の人は直観的に知っていたんですね。

またそのようなところは同時に俗人の立ち入りや住むのを禁じた禁足地でもあったわけです。春日大社をなぜここにつくったか。奈良の都を治めるためにつくったに違いないけれども、もっと単純になぜここに神さまを祀ったのかということです。ここは神戸からの断層の末端にあたります。ここはものすごくいい波動が下から出ている神域なんです。

ここ春日でも当然あのように地震が起きていいはずだったのだけれど、ここがなんともなかったというのは、ここは大自然がそのまま残っているから、ふさいでいなかったから、絶えず下からエネルギーが少しずつ放出されていたからだと私は思います。

それの証拠に、地震の二日前、一月十五日に春日大社で舞楽奉納の祭りがありました。社頭の林檎の庭で舞楽を奉納する。私と神職は石段のところでいすでそれを見るという祭

春日大社林檎の庭での奉納の和舞

春日大社本殿（桑原英文撮影）

りがある。私と次の神職との間に、形だけなんだけれど、寒いから火鉢が置いてあった。そしたら、いきなり火鉢がピョンピョン踊りだした。地震も何もないのに、どこも揺れていないのに、火鉢がピョンピョン動く。ほかの神職は宮司が貧乏ゆすりをしているのかと思った（笑）。僕も隣の神職が貧乏ゆすりをやっているのかと思った。ピョンピョン跳んだんです。

不思議なことがあるものだなと言っていたら、二日後に大震災が起きた。それは波動があそこに抜けていたんだと思う。エネルギーが、自然があるものだから、みんな下から抜けている。ここに三千の灯籠があるんです。それが一台も倒れていない。普通だったら全部倒れるはずなのが、一つも倒れていない。奈良は春日大社の広大な自然のおかげで地震を免れたと僕は思っているんです。このような神聖な場所を昔の人は直観で知っていたわけです。ふさがないように、そこに自然の森を残すために神さまを祀ったんですね。すごい知恵です。

そういう昔の人の直観力というか、日本人の感性はすごいと思います。世界にまれなる民族なんです。だからいまは日本人の直観力を世界に示さなければいけないと僕は言っているんです。もう理屈の世界は終わった。また昔に帰って、本当の自然の姿を見出さなければいけないと僕は思っています。

――三十万坪のご神域ですね。

ええ、そういう強い波動の出るところに神さまを祀ったんです。さらに神さまも、どんな神さまを祀ってもいいというのではない。それなりの理由でそこにふさわしい神さまを持ってきたわけでしょう。

古代、大和朝廷が日本を治めたやり方は世界にまれなる方法だったのです。外国の王朝は武力でもって国を征服するでしょう。そうすると、そこの宗教から文化まで全部滅ぼすわけです。それで自分の持っている宗教や文化を押しつけて国を大きくして治めた。ところが、そういう国は全部滅びているのです。その土地の文化、伝統、宗教を滅ぼしたものは、どんなに武力が強大になり、どんなに経済力が発達しても、滅びてしまうんです。

ところが大和朝廷のやり方はだれが考えたのかは知らないけれども、世界でまれなるやり方をやったんです。というのは、奈良なら奈良に都を置いて国を治めるために、本当だったらほかの部族を滅ぼして、大和朝廷の天皇の宗教を押しつけるはずです。ところがそれをやらないで、それぞれの氏族の神さまを全部朝廷に持ってきた。それぞれの神さまを天皇がお祀りいたしましょう。こういうやり方をやったわけです。だからみんな反抗しないで従ったんです。自分が拝んでいるところの祖先の氏神さまを全部天皇が祀ってくださる。いま宮中に、賢所（かしこどころ）と皇霊殿と神殿と三つ[*20]のお社がある。賢所というのは天照大（あまてらすおお）

神の斎鏡（みかみ）、皇霊殿は代々の天皇の御霊、神殿は日本全国の八百万（やおよろず）の神さまを祀ってあるところです。この三つのお社をいまでも宮中に祀ってあります。

日本人は決して単一民族ではない。いろいろな氏族がいたわけでしょう。それぞれが祀っている神さまを全部天皇家におさめた。それで決して外国のように滅ぼさなかった。だから天皇家は続いているんです。

神道というのは珍しいんですね。キリスト教だったらキリストだけでしょう。ほかの神さまを祀らないでしょう。ところが神社は全部神さまが違う。それで統一されている。本当だったらそれぞれがお互い争うはずなんだけれど、神道同士が争ったという歴史はないですね。神さまは全部違う。それでもみんな統一されて、調和しているでしょう。それは大和朝廷がそういうやり方をやったわけですが、これが本当のやり方です。だから絶対もとの宗教を滅ぼしてはいけない。滅ぼしたら自分も滅びてしまう。そういうことを知っていたんです。

それは、いつも話しているように、生物が生きていく姿と同じです。生命は三十五億年前に地球上の水のなかに誕生して、以来、ずっと生き続けているわけでしょう。どうやって生き続けているかというと、祖先の遺伝子、つまり祖先が持っている伝統を、親から受け継いで子孫に伝える。この方法だけで、植物から虫から細菌から全部生きている。だから伝統を伝えるということが大事です。伝えなくなったら死ぬんです。そういう本当のことを知っていたから、その地方の伝統は絶対滅ぼさない。つまり、全てが協調のなかに生かされているということを、昔の日本人が知っていたということでもあるんです。地球は大宇宙のバランスによって生み出されましたが、水から生命が誕生したのもバランスであり、さらにこの地球上において全ての動植物が共生することによって、バランスを保つことによってそれぞれの生物が生きることができる。これは大自然の絶対の摂理です。この考えをもって日本全国を統一したわけです。滅ぼさない。それで伝えているわけです。全部を伝えさせておいて、神さまをここでさらにお祀りしましょうというものだから、大和朝廷は二千何百年も続いているんですね。

だから生命の続く原点を昔の人は知っていたわけです。それはすごいことです。それから、伊勢神宮と春日大社は二十年ごとに一度、お社を新しくするでしょう。これもすごい知恵ですね。つまりこれは、われわれの体にたとえたら、新陳代謝です。ある期間を経て古い細胞が新しい細胞に変わっているわけです。それでわれわれは生きている。新陳代謝が終わったときに死ぬ。だからある期間で新しく生まれ変わる。これで生きているんです。

20　**宮中三殿**　皇居内吹上御苑の東南にある賢所・皇霊殿・神殿の総称で、賢所には皇祖天照大神の御霊代の神鏡、皇霊殿には歴代の天皇や皇族の御霊、神殿には天神地祇がそれぞれ奉斎されている。

春日明神の託宣を告げる女（春日権現験記・春日本）

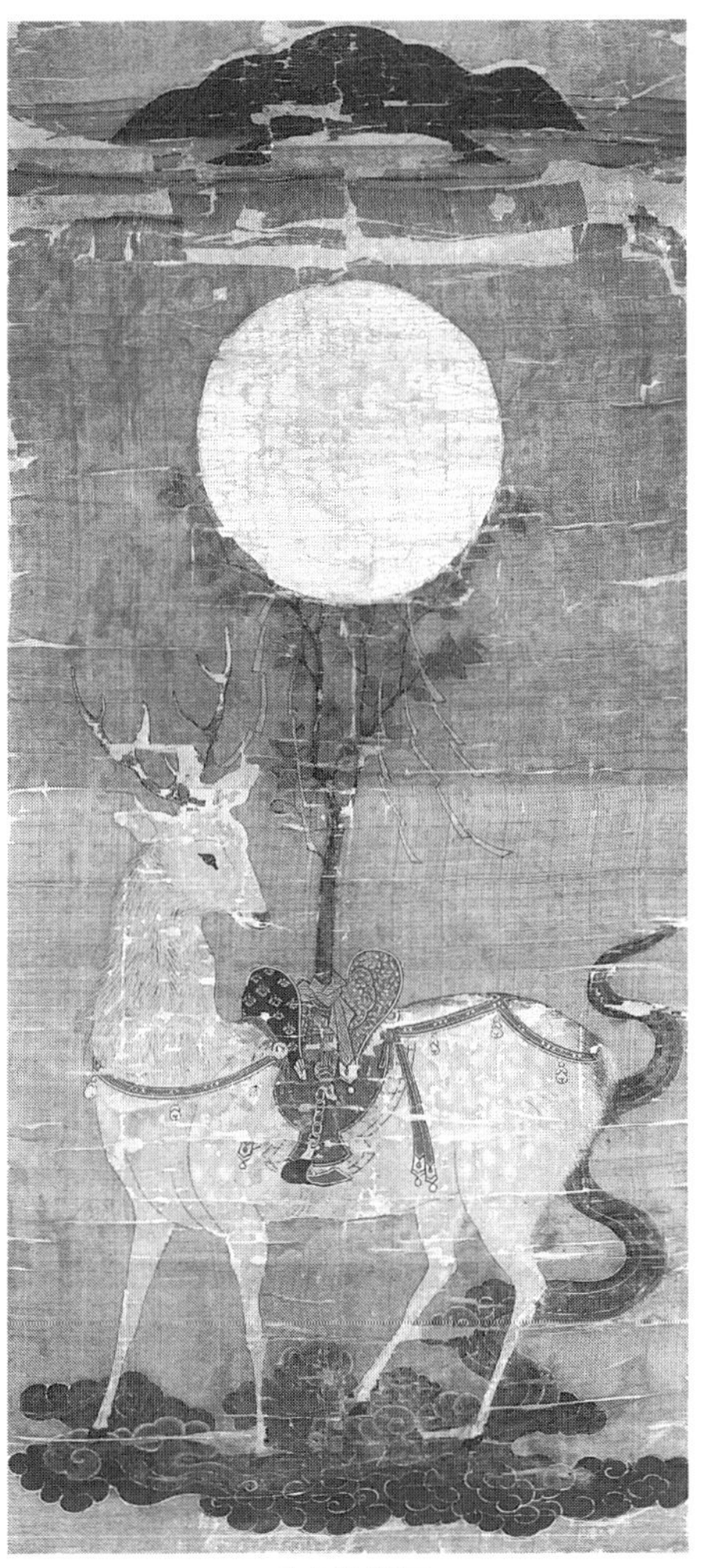

鹿座神影図

それをやっているのが伊勢神宮と春日大社なんですね。

――二十年に一回つくり替えていく。式年造替（しきねんぞうたい）ですね。

新しい社に生まれ変わる。そういう生命の原理を、昔の人は科学のない時代に知っていたわけです。春日大社には奈良の文化がそのままの姿で今も残っています。奈良のいのちがなぜ伝わったか。生命の原理を実践しているから、それで伝わっているんです。これをやらなかったら春日大社はないと思います。

――春日大社は七、八百年ぐらい前からずっと二十年に一回の造替を繰り返しながら……。

いやいや、今回の造替が五十九回目。六十回として二十を掛けたらざっと千二百年でしょう。私はその前から春日大社はあったと考えています。正式にやりだしてから千二百年です。それまではご神体として山をお祀りしていたわけですから、千二百年というのは御蓋山の麓にいまのお社をつくってからの話です。

――こちらはご神体が御蓋山ですね。

春日の神さまが一番最初に御蓋山の頂上にお降りになったということです。昔はだから御蓋山そのものを拝んでいたわけです。それからだんだんお社をいまのところにつくって、それでお社を拝むようになった。いまでも御蓋山は神聖な領域だから人は入れません。昔は山を拝んだ。日本の古神道は最初、山を拝んでいます。

どうして山を拝んでいたかというと、そのころはまだ建築の技術が十分でないからお社をつくれなかった。それで山を拝んでいた。それからだんだん建築の技術が発達してきて、お社を建てられるようになって、下にご神殿をつくった。だから原点は山なんです。

山と鼻と鎮守の森

それではいったい山とは何かということです。単に山の上に神さまが来たというだけではない。結局下からの力、エネルギーがせりあがってきたのが山なんです。山には生命力を回復させる素晴らしい神の気が籠(こも)っているんです。それは人間の鼻と同じことです。鼻はどうやってできたかというのを知ったら、それがわかる(笑)。

——山と鼻は関係あるのですか。

鼻はどうやってできたのかというと、人間は脳が大きくなって、なかからその力で顔の骨が押し出されて鼻ができたんです。その証拠に、動物は人間より脳が小さいからみんな鼻が低くて、口が出ている。顔面は斜めになっている。サルでも口が出ている。人間だけが垂直です。

なぜ垂直になったのかというと、脳が進化したからです。進化したというのは脳が大きくなったということですね。脳は手や足の進化とは全然違う進化をしている。手や足はどうやって進化したかというと、たとえば魚のヒレがあるでしょう。口の近くにある胸ビレが発達したのが上肢で、お腹にある腹ビレが発達したのが下肢です。全くかたちが変わって進化している。だけど脳だけはそういう変化をしていないんです。

どういう変化をしたかというと、動物の脳はそのままある。われわれ人間は動物の脳を持っている。その上に大きな理性の脳が乗っているんです。かたちは変わっていません。これを脳の巨大化といいます。脳だけは大きくなるのが進化です。かたちが変わっていない。脳が大きくなるとどうなるかというと重くなる。脳みそを支えている頭蓋底骨という骨が下にある。その上に脳が乗っかっているわけです。

動物の脳は小さいから、サルでもイヌでも頭蓋底骨という脳が乗っかっている骨が上向きのV字になっています。動物の顔は鼻が低くて斜めで、それで口が出ている。ところが人間の脳は大きくなってしまって、重くなったものだからどうなったかというと、脳が重いからこの頭蓋底骨が下向きのV字型になったんです。そうすると顔面のなか、口腔の骨が押されて、行き場所がなくなった。それが飛び出たのが鼻なんですね。こうして鼻ができたわけです。

脳が発達したものだから人間は火を使うことを覚えた。食べ物を煮たり、焼いたりする。

イヌ

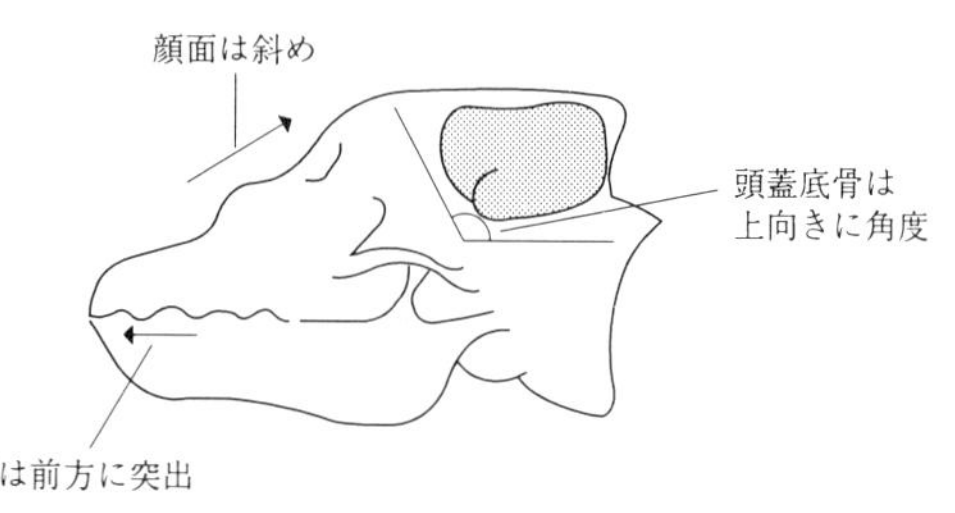
顔面は斜め
頭蓋底骨は
上向きに角度
顎は前方に突出

人

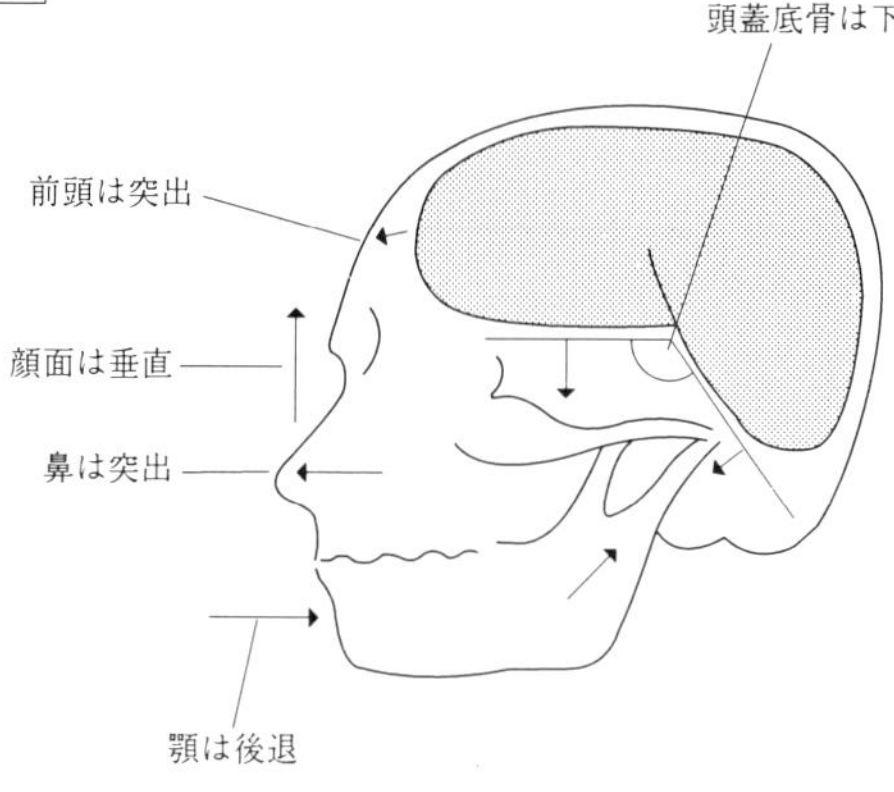
頭蓋底骨は下向きに角度
前頭は突出
顔面は垂直
鼻は突出
顎は後退

そうするとかむ力が弱くても食べられる。アゴがだんだん退化して後ろのほうに下がってきた。そして前頭が飛び出たものだから人間の顔は垂直になったんです。その顔の中央に鼻が盛り上がってきた。鼻は脳が進化したのが原因で突出してできたんです。

山もそうなんですよ。なかのエネルギーが押しあげたのが山なんです。ということを昔の人は知っていて、自然のエネルギーが下から湧き上がってきた場所だと。だからそこに神さまを祀ったんですよ。ちゃんと知っていたんですね。鼻というのは臭いを嗅いだり、呼吸するだけの器官とは違いますよ。これは人間のシンボルなんです。これと同じ理屈が山なんですね。山は神さまのシンボルなんです。そういうことを日本人の祖先が知っていたということがすごい。

――大事にしないといけないですね（笑）。

鼻は脳が人間になりましたよという証拠なんです。だから人間の顔は神秘ですね。きれいとか、汚いというのではない。神秘にできている。顔のど真ん中にできてきた、いわば鼻が鎮守[*21]の森。鎮守の森は、下から神さまのエネルギーが出て、盛り上がったところですね。ここに神さまが宿っていらっしゃるという場所ですよ。どちらも大切にしなければいけませんね。

――鎮守の森というのは、なつかしい言葉ですね。

昔の人はそういうエネルギーの出ている場所、下から神の気が出ている場所は大切だから、これを絶対に壊してはいけないということで、そこに神さまを祀ったわけです。これは神さまのおられる森ですよといって、みんなに触らせなかった。それで自然の森が残ったんです。それが神社の鎮守の森です。

いま神社の鎮守の森がなかったら、日本から森の半分が減ってしまいます。春日大社も三十万坪の森を持っているでしょう。だから神社がそういう自然の森を維持したわけですね。

——東京も大都会と言われますが、たとえば明治神宮とか、大きな森がありますね。

ええ。普通だったら維持できないけれど、そこに神さまを置くわけです。そうするとみんなが触らないでしょう。自然の知恵ですよ。東京は都会だというけれど、パーセンテージからいくと大阪よりは森が多い。なぜかというと、東京はもともと武蔵野の平野です。木が生えていた。そこへ都会をつくったから、まだ木が残っているんです。大阪は埋め立てです。大阪湾は昔は生駒山のすぐ近くまで来ていた。それが土砂が流れて、だんだん埋め立てられた。だからもともと木が生えていない。そこへ都会をつくってしまったものだ

21 **鎮守の杜（森）** その土地の守護神を祀った神社を取り囲む木立。春日大社の鎮守の杜は、自然の姿そのままに大切に保護されており、竹柏（なぎ）が多く自生していることで知られる。

から、全く木のない都会ができてしまったわけです。東京と大阪とでは全然成り立ちが違います。

また大阪は商売の土地だから、一坪でも空いている空間があったらもったいないというので、こんなところに木を植えておくより、店を作ったほうが儲かるという考えで、片っ端から土地を潰していったんですね（笑）。ある意味では、非常に合理的ですね。

興福寺と春日大社——仏教と神道の関係

——春日大社のことをおうかがいすると、お隣の興福寺[*22]のことについてもおうかがいしなければいけないと思うのですが、歴史的にも、表と裏、非常に長いおつき合いですね。

どっちが表、どっちが裏ではないけれども、昔は神仏習合といって、神さまと仏さまは一緒だったわけでしょう。仏教が入ってきてから、祖先をお寺の坊さんで供養してもらいますということで、藤原氏の祖先を祀るためにできたのが興福寺です。春日大社は神道で、氏神さまでです。仏教は坊さんがお経をあげて、お葬式をやるでしょう。神道は昔それをやらなかった。氏の一番上の神さまを氏神として祀ったわけです。藤原氏の先祖供養を興福寺がやる。大社は藤原氏の氏神さまを祀る。理屈はともに祖先を祀っているんですから、同じではあるんですけれども。

仏教にはもともと祖先を祀るという発想がない。祖先を祀るというのは、神道の発想なんです。それを仏教が取り入れたわけです。なぜ取り入れたかというと、仏教が入ってきて、これは当初は異国の宗教ですから、なかなか広まらないわけです。そこで、神道でやっていた祖先崇拝、それを仏教に取り入れたのが先祖供養なんですね。

お盆というのも、もともとは神道の行事です。お彼岸も神道の祖先の祭りでしょう。それを仏教が取り入れて以降、お盆やお彼岸は仏教の行事のように今、みんなに思われているでしょう。違うんですね。だから春日大社では原点に返って、祖先の祭りを平成八年の八月からはじめました。これは参拝者の方々から非常に喜ばれています。私は常々、原点に返ることの大切さを力説していますが、これによってもその大切さを実感しました。

——興福寺さんとは行き来はございますか。

正月二日に興福寺の貫首(かんす)さんがいらっしゃってお経をあげる、興福寺貫首社参式という神事があります。昔はもっと行き来があったんですけれど、明治維新によって途絶え、今はその名残りというのでしょうか、神仏習合、神道と仏教が一緒になってご奉仕を申し上

22 **興福寺** 奈良市猿沢池のほとりにある、法相宗大本山。藤原氏の氏寺として奈良時代に創建。神仏習合によって春日大社とも深いつながりがある。

げる儀式がここに残っています。

――神宮寺というのは神仏習合のお寺のことですね。

お寺に神社をつくる、神社にお寺をつくる。両方ありました。明治までは一緒だった。明治になって神仏分離して廃仏毀釈をやったからおかしくなってしまったんですね。無理に分けたでしょう。あれがそもそもの間違いのもとなんです。何も仏教と神道がけんかをする必要はない。一緒になってやっていればよかったんだけれど、明治政府の方針でそうなってしまった。あれは明治政府のやり方の失敗ですね。

――仏教と神道との大きな違いは何ですか。

そうですね、一つ違うことを挙げるとすれば、仏教には修行があるが、神道には修行はないということだと思います。

神道に修行がないというと、神主は生臭で何もしないのかと思う人がいますけれど、それは全然違います。神道では水のなかに入って禊ぎをします。ただし、それは修行ではない。修行というのは坐禅を組んだり、自分の努力で無我になろうというのが修行です。神道は神の恵みと祖先の恩で生かされているというのが根本なんです。ですから水の力、神の力によって自分の罪・穢を取っていただこうというのが禊ぎです。自分の力、自力でやろうとするのとは違う。よく滝に打たれて大声で経文を唱えて、一生懸命無我になろうとしている人がありますが、あれは修行です。ああいうのは神道にはありません。たしかに神道でも滝に打たれて禊ぎをします。水中で祝詞をあげて禊ぎをやりますが、それは水の力、神の力によって自分の罪・穢を祓っていただこうということです。自力ではやらない。そこが仏教と神道と違うところです。

何度も申し上げますが、神道の根本は、生かされているということです。だから祖先の祭りでも、仏教のほうはお坊さんがお経をあげて、供養しようという。神道は違うんですね。神さまにお願いして、祖先をしあわせにしていただこうというものです。

禊ぎと祓い

――ちなみに、禊ぎや祓い[*23]など神道というのは水と深い関わりがあるようですね。

昔から日本には「うがい手水に身を浄め」というように、水によって体を浄めるという考えがあります。ですから、神社に参拝する時は、手水をして身心を浄めたり、あるいは、

23 **禊と祓**　祓いとは、心身についた罪・穢を儀式や唱え言葉によって取り払い清浄に保つこと。禊ぎは身体を洗いすすぐことで、身についた凶事や罪・穢を除去して浄めることであるが、実際には多岐に及び、両者は混同されることも多い。

神職は春日でのお祭りの時は、朝、潔斎所（けっさいじょ）で禊ぎして身を浄めてお祭りを奉仕します。ここに、水によって罪・穢を祓うという日本伝統の考え方があるわけで、これは大変素晴らしいと思っています。西洋人のお風呂というのは一人ずつ小さな浴槽で、泡を立ててお風呂に入っています。あれは単に垢を落とすという考えですが、日本人は決してそんなことはやらないで、体を洗う時は必ず外に出て洗います。もともと日本人は入浴というのは、水で身体を浄めることだという考えを持っているのです。私は日本人の捉え方のほうがより根本的だと思います。

水というと学校ではH_2Oと習います。水は水素原子二つと酸素原子一つから成ると学校では教わりますが、これが水だと考えると、とんでもない間違いで、水というのはそんなに単純なものではありません。水というのはそんな記号で表わし切れない、すごい性質、力を持っています。例えば、水は常温では液体ですけど、それを地球上で百度まで熱すると気体になります。また零度以下に冷やすと固体にもなる。どこにこんな性質を持った物質がありますか。これを皆さんごく当たり前のことに思うけれど、これは非常に不思議な性質なんですね。液体となって、そして水蒸気となって上がっていく、また雨になって戻ってくる。で、これがまた水蒸気となって上がっていくという、循環する不思議な力を持っている。

また、普段は穏やかですけれど、一度怒ると海の水は荒波となり、全てのものを飲み込んでしまう。川の水でも普段ゆるやかに流れていますが、これが洪水になると、全てのものを押し流すという、そういう力を秘めているわけで、どこにそんな力があるのか不思議なくらいです。

また、水というのは非常に素直であり、どんな器に入れてもどんな形にでもなる。どんな隅にも入っていく。どんな色にも染まる。それからどんなものでもなかに包んでしまうという、包容力といいますか、ふところの深さという性格をもあわせ持っているわけです。ところが、例えば泥水というと水が濁っているんだ、泥水になったんだと思われるかもしれませんが、あれは決して水が変質したわけではありませんね。それが証拠に、濁った水をそのままにしておくとだんだん泥が沈殿して、透明な水が現れてくる。そうすると水というのは、どんな形にもなる、どんな色にも染まる、どんなものでも受け入れる。だけど水そのものの本質は絶対に変えないということがわかります。

これはじつは、日本の神道、日本人の生活とまったく同じなんです。日本人というのは、外国からなんでもかんでも文化を取り入れる。それの真似をする。外国人からは日本人は節操がないとか、個性がないとかなんとかいわれる。神道も、仏教だとか儒教だとか、なんでもかんでも取り入れる。それらを消化し神道のなかに取り入れて、神道を進化させようとする。しかし神道というものは日本人の生活そのものです。神道それ自体の性格は絶対変えない。仏教のいろいろなものを取り入れながら、本質はまったく変わらなかったのが神道です。水というのもまったく同じ性質をもっているんです。

いつも話していますが、今から四十五億年前に太陽の周りを回るいくつかの惑星が誕生して、その中の一つとして地球が誕生したのですが、なぜか地球だけに水ができた。岩石の塊りである地球にどうやって水ができたのか、もちろん今でもわかりません。ただ、それから十億年たって今から三十五億年前に水のなかに生命が誕生して、生物が現れたわけです。だから水というのは、生命を誕生させるすごい力を含んでいるんですね。

人間の赤ちゃんは十月十日(とつきとおか)お母さんの体のなかにいるわけですが、この地上で生活する人間がなぜ十月十日、羊水という水のなかで成長するのでしょうか。何のために水のなかで赤ちゃんは発育するのか、考えたら非常に不思議ですね。生物学的には三十五億年の生物の進化の過程を、十月十日で表しているといわれています。三十億年間は生物は最初、みんな水のなかで生活してきたわけです。五億年前にはじめて生物が陸に上がったわけで、その陸に上がったというのは、三十五億年の生命誕生から考えれば、ごく最近の話とも言えます。

地球上の生物は全て水を飲まなければ生きていけません。水がまったくなくて生きていく生物なんてどこにもいませんね。人間の体はだいたい六十パーセントは水でできています。陸上に生活する生物は今から四億何千年前に地球上に現れたというけれど、それは海の生活をそのまま引きずって上がったんですね。海で生活していたそのままで陸に上がって生活したから、みんな六十パーセント以上水を持っている。だから人間の体も水のなかに漬かっているようなものなんです。

ですから水で生きているわけで、結局、きれいな水、栄養のある水を体のなかにいれないと、健康になれないというのは当たり前のことなんですね。健康な人と病気の人の体の水を調べてみると、病気の人の水は濁っている。健康の人の水は非常に透明な水で、水そのものが健康に与える影響が大きいことがだんだんわかってきたわけです。水というのは非常に不思議なもので、こうした水の力というものを日本人の祖先が直観的に知っていたということは、すごいと思います。

その水の力によって罪・穢を祓い去るんです。「つみ」、「けがれ」というのは、いつもいっているように、「つみ」というのは人を殺したとか、そういう罪とは違います。人間の本当の素晴らしい本体を包んでしまうようなものということです。これは「つみ」＝「包(む)身」、身を包んで、神さまのお姿を包んで隠してしまうものということなんですね。「けがれ」というのも、汚いという意味とは違います。神さまからいただいたエネルギー

「気」を枯らしてしまうものという意味が、「けがれ」＝「気枯れ」です。人間の素晴らしい神さまからいただいた身を包んでしまうもの、尊い神さまの気を枯らしてしまうようなものを身につけていると、病気になったり不幸になったりするわけです。それを水の力によって祓う。これが神道の儀式で「祓い」ということです。水にはそれだけのすごい力があるのです。

——水の力で、罪・穢を祓うのですね。

ええ。祓いといえば、僕は神職にも考え違いしているんじゃないかとよく言うんですが、お祭りの前に神職が大麻（おおぬさ）という細長い紙きれのついた棒を左右に振りますでしょう。あれはお祓いをしているんですが、その奉仕している神職は「みんなを祓っている」と思っているかもしれないけれど、違うんですね。それはとんでもない話で、あれは「神が人を祓われている」のですね。神さまというのは、ものすごいお力を発揮され、みんなにお恵みを与えようとしていらっしゃる。その時、お恵みを枯らすような体であったならば、穢れた体では、せっかくのお恵みが死んでしまいます。それで必ず神さまは皆さんにお恵みを与えるために、罪・穢を祓うんです。人間が祓っているんじゃありません。

以前に友人のお母さんが亡くなって、それがちょうど大切なお祭りと重なり、私はお葬式には行けない、穢れてはいけないからといいましたら、その友人がなんで自分の母親が死んで汚れているんだと怒ったんです。私の説明も不十分だったのですが、それは考え違いの話で、やはり死ぬということはエネルギーが消えて、それで死ぬわけです。それに接すると、こちらにマイナスのエネルギーが付着する。そうするとお祭りで神さまの気を枯らすことになる。だからお祭りの前には葬式に行けないんですよということを言って、決してお母さんが死んだから汚いというのではないということを納得してもらいました。

前に二十年に一度の式年造替を奉仕するため、一カ月前から精進していました。前精進に入っているわけです。食事から何から全部、潔斎食しか食べてはいけません。だから一番困るのはそうした時に自分の身内のお葬式があった時ですね。葬式に行けない。そうすると向こうの人はなんで来ないんだと思うわけですね。身内が死んだのに、どうして宮司は来ないのか。礼儀を知らないのかと思う人がいるのだけれど、そういうことではないんです。私はお祭りに奉仕させていただかなければならない。そこに神さまがいらっしゃる。私は直に接するわけです。だからそんな時に私が神さまの気を枯らすような体で入ったら誠に申しわけない。またどんな神罰が当たるかわからない。だから行かないのではなく、行けないのです。私の立場では当然のこと、神さまを第一義に考えなければいけないのです。そういうふうに神道では穢れを遠ざけて、神さまの気を枯らすようなことをしないようにしてきました。これは日本に昔から伝わっている素晴らしい考え方であり、真実であると思います。この本当のことをわれわれはやっている。それが祓いなんですね。

祝詞と原日本語

――祓いについてもう少し聞かせてください。[*24]祝詞とか言葉で行なうお祓いもありますね。

言葉で祓うとはどういうことかというと、言葉の解釈を知らなければいけないけれども、結論から言えば最高にいい言葉、つまり神に通じる言葉を唱えると、言葉の力によって罪・穢れが除かれるというものです。

祝詞は昔からたくさんあるけれども、日本でいま残っている最も古い祝詞を「延喜式祝詞」といいます。そのなかの一つに[*25]大祓の祝詞があるんです。これだけが千何百年の時空を超えて、いまも伝わっている。日本全国の神社でいまも大祓の祝詞をあげています。ということは大祓の祝詞が本当の言葉だということです。祝詞というと、いまは人間が神さまに「かけまくも畏き……」といって、こういうことをお願いいたしますというのが祝詞だと思われていますね。しかし本来の「のりと」の「のる」は「宣る」、神さまが言われるということです。神さまが宣るんです。最初は神さまのお言葉を神主が伝えているのが祝詞だった。大祓の祝詞は神の言葉なんです。

藤原氏は昔は中臣氏といって、宮中のまつりごとをつかさどっていた氏族なんですね。そのなかの誰かが神の言葉を聞いたわけでしょう。それを記したのが大祓の祝詞なんです。本当の神の言葉だから千何百年続いている。いまもやっているわけです。

――大祓の祝詞は長いものなんですか。

長いです。九百字ほどの漢字で書かれています。だけど漢字は、本来の神の言葉にあてはめただけの当て字ですから、いくら漢字を解釈しても大祓の祝詞の本当の意味はわかりません。だから漢字の意味を考えないでそのまま読みなさい。意味がわからなくてもいいから読みなさい。それは神さまの言葉なんだから、それを口にすれば罪・穢が祓われますよと、皆さんに言うのだけれど、なんでも理屈で解釈しようとする人が多く、言ってもすぐ大祓の意味はなんですかと聞かれます。なかなかわかってもらえません（笑）。

――本来の日本語というのは奥が深いわけですね。

日本には昔は文字がなかったと言われていますね。それは本当かどうかわからないけれ

24　**祝詞**　神祭りの際に斎主が神に対して唱える独特の文体をそなえた言葉。その起源は古く、『古事記』の天岩屋戸の神話に、天児屋根命がフトノリトゴトを申したことが見える。

25　**大祓祝詞**　平安時代の法律書である『延喜式』の巻八に所収。六月、十二月の晦日に宣読された。主に中臣氏が司ったところから中臣祭文とも、中臣祓詞とも呼ばれる。その壮麗な文体は神道思想形成の上で最も重要な神典として今日に至るまで盛んに奏されてきた。

ど、その後、中国や朝鮮から漢字が入ってきた。昔日本人には文字がないから語り部というのがいて、日本の歴史をすべて次々暗記力のいい人が語り部となって、暗記して伝えてきたというんですね。それが奈良時代にこれではいかん、本当の書物をつくろうと、できたのが『古事記』なんです。日本で初めてつくられた歴史書が『古事記』でしょう。それはどうしてできたかというと、稗田阿礼（ひえだのあれ）という語り部が日本の歴史物語をしゃべり、それに太安万侶（おおのやすまろ）という知識人がそれをいちいち漢字に当てはめたわけです。できたのが『古事記』ですね。

最初はそれでよかったんです。ところが年代が経つと、本来の日本語がわからなくなって、漢字だけが残った。すると、後代の人が漢字を訳し始めた。ところがそうすると、全然別の意味になってしまうんですね。だからいま僕は原点に返って、稗田阿礼という人がどんな日本語をしゃべったのかということを、いま一生懸命考えているんですよ。

たとえばどういうことかといいますと、「かみ」と稗田阿礼が言ったとするでしょう。それに太安万侶が「神」を当てはめたとします。そうすると後の人がこれを見て、ゴッド＝神と訳すんですね。キリスト教でいうような唯一神、ゴッドだろうと訳す。そうすると「かみ」という日本語と全然違ってきてしまうわけです。日本語の「かみ」はゴッドではない。これは敬語です。山田さまとか田中さま、こういう敬語の最高の敬語です。最も尊

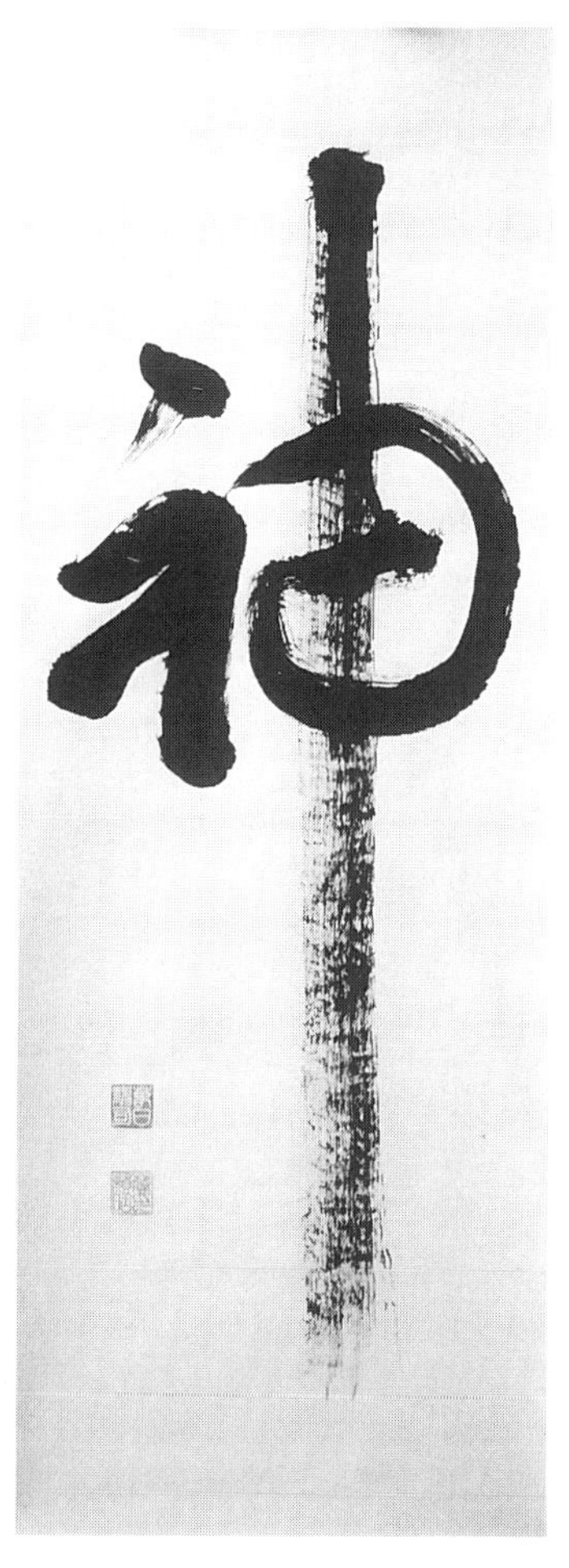
神

い人に対する「さま」という意味が「かみ」なんですね。だからこの上に名前がないとわからない。「かみ」だけでは、だれを呼んでいるのかわからないでしょう。この前に天照とか、春日という名前が必要です。

祝詞がありますね、「かけまくも畏き春日の大神の大前に……」と。こういったら春日さま、お願いしますよと言っていることになるわけです。だからそういうふうに稗田阿礼が言ったに違いない。太安万侶はわかっていて、漢字の「神」を当てはめた。ところがだんだんあとの人が漢字を訳し始めたわけです。ゴッドと訳してしまうからもとの意味がわからない。

また稗田阿礼が「つき」と言ったとしますね。太安万侶が、ああそうですか、じゃあこの「月」という漢字を当てはめようと。そうすると後の人はあれが月だ、天にあるのが月だと言うわけです。ところがもともとの「つき」は全然違う。「つ」というのは「丸い」という意味です。「つつ」と二つつながると、茶筒のような丸くて長い「筒」ということになります。「き」というのは「奇」です。不思議だなという意味ですね。だから「つき」というのは三日月になってみたり、丸くなってみたり不思議なものだなと。不思議だなという意味が「つき」なんですね。それに太安万侶が「月」の字を当てはめてしまったものだから、いまの日本人は夜空の月を「つき」というものだと思っている。全然違うんです。

われわれがしゃべっているのは本来の日本語と違うんですね。

——なるほど。不思議なものだなという意味が「つき」。丸くなったり、三日月になったりする。

昔の人は、丸くなったり、欠けたりして見えるでしょう。それで不思議だなと、「つき」と言ったんです。それを太安万侶が「月」を当てはめたものだから、いまの日本人はそれが「つき」というものだと思っているんです。月を見て丸や三日月、不思議だなと思う日本人はいまは一人もいないでしょう。われわれは日本語を忘れてしまったんですね。だからもとの日本語に帰る必要がある。日本語教育というのをやろうかと思うくらいです。われわれがしゃべっているのは漢字が入ってきてからできた言葉です。漢字が入ってきてからできた言葉をしゃべっているんです。これは本来の日本語とは違う。われわれは日本人なんだから、本当の日本語をしゃべらなければいけないはずです。

——いまでいうと大和言葉ですか。

漢字が入ってくる前の言葉です。だから稗田阿礼はそういう言葉でしゃべったのに違いない。それを太安万侶が聞いて、記録として残していかなければならないから、漢字を当てはめていった。そのときはそれでよかったんです。

ところがあとの人は稗田阿礼がしゃべった日本語がわからないし、漢字しか残っていないでしょう。だからいま日本語で解釈できないものに『古事記』があります。『古事記』は今の日本人にはわからない。

――『日本書紀』は解釈できるわけですね。

『日本書紀』は漢文で書いてある。あれは中国語のようなものです。中国語の訳はできる。本当かどうかは別として、中国語の文脈で解釈できるけれど、『古事記』はもとの日本語に漢字を当てはめただけだからわからない。全然わからないんです。それで江戸時代に本居宣長がこれではいけない。日本人の心が失われてしまったというので、長年かかって解釈したのが『古事記伝』という書物です。僕も宣長と同様に漢字を見ないで、もとの日本語本来の意味は何かと考えているんです。

――『古事記』がもとになるんですね。

『古事記』の一番最初に神代篇があります。このなかに日本人の本当の心が入っていると思います。

――それは同時に神道の心でもあるわけですね。

神道というのは宗教じゃないですからね。日本の古来からのものの考え方、生活習慣といったものでしょう。それを戦後無理やりに宗教法人にしたから、これがまた間違いのもとなんです。別に宗教でもなんでもないわけで、日本人の本当の自然観、人生観というのか、そういうものをずっと伝えていくのが神道です。

言葉の力――進化と言霊信仰

――なるほど。先ほど祝詞の話が出ましたけれども、それと対照的にたとえば忌み言葉というのがありますね。

全部、言霊信仰（ことだましんこう）[*26]で、昔から言葉には霊力があるんです。だからいい言葉をいえばしあわせになるし、悪い言葉をいえば不幸がやってくる。こういうことはみんな本当ですよ、と僕は言っている。言霊信仰などというと、日本人の迷信がつくった信仰だとみんな思っているけれど違います。言葉はもっともっと深い、まさに人間の存在理由そのものですね。

――言葉の力ということですね。

今までは、日本中どこでも言霊信仰があった。言葉には霊力があって、いい言葉をいえばしあわせになり、悪い言葉は不幸になる。日本人にとって当たり前のことでしたが、い

26 **言霊信仰** 言葉に魂が宿るという考え方。また言葉を唱えることによって霊力が発揮されるという考え方をいう。『万葉集』に日本を「言霊のたすくる国」、「言霊のさきはふ国」と詠んでいることからも、その信仰の古さを物語っている。

まそんなことを言っても誰も信じませんね。でもそれは違いますよ、これは生物学的にいっても本当のことです。言葉とはなんぞやということを知っているのかということです。言葉とはなんぞやということを知らないで、単に言霊信仰が日本には昔からあったと解釈するから間違うんです。どうして人間だけに言葉があるのか。人間以外の生物で言葉をしゃべれるのはいないでしょう。どうして人間だけに言葉があるのかというところから考えていかないと言霊信仰はわからない。それをしゃべったら、それだけで一冊の本ができてしまう（笑）。

——そうですか。でもちょっとさわりの部分だけでも（笑）。

いまの科学で一番の間違いは、言葉というものはサルから人間に進化して、初めて言葉がしゃべれるようになったと解釈している点です。人間に進化したから、だから初めて言葉がしゃべれるようになった。だけどサルはまだ進化していないからしゃべれないという解釈です。それが全くの間違いです。

というのは、私は宇宙の最初の心がこの地球上に言葉というものを必要とした、そのために人間を進化させたと考えているからです。人間に進化したから言葉をしゃべったのではない。言葉が必要だった。そのために人間を進化させたんだということです。逆なんですよ。だから科学がいま間違っている。サルから人間が進化したのではなく、人間は最初から人間なんです。サルは最初からサルなんです。

――進化はしていないということですか。

いや、スタートが違うということです。チンパンジーを見ていると人間とよく似ている。だからこれから人間は進化したんだろうと言うけれど、じゃあ、サルはどうしてサルで止まっているのかということです。サルと人間はもともと違うんですね。

生物学的にサルから人間が進化したというのだったら、これは最初は人間かどうかわからない。三十五億年の進化の過程を十月十日でやっているのが妊娠です。最初は変な虫みたいで、魚みたいになって、サルみたいなかっこうをして、それで人間になってくるでしょう。その過程をくぐって人間になる。スタートが人間だから人間しか生まれない。サルの子どもはサルからしか生まれない。スタートが違う。サルから進化したのとは違うんです。スタートがサルだからサルで止まっているんですよ。スタートが人間だと人間までいってしまうんですね。つまり、サルから人間が進化したのではなく、サルはサルで必要であり、犬も猫も魚も虫も鳥もみんな必要なのです。みんなで生きて、バランスを取って、初めて人間も生きられるというシステムでできているからです。だから人間もバランスを取るうえで、必要不可欠な存在として生かされているのです。これがわからないで、生物学者がサルから進化したなどというのは、とんでもない話だと思います。

先にも言いましたが、三十五億年前に地球上に生物ができて、四十五億年前に地球ができて、そして百五十億年前にビッグバンで宇宙ができた。こうやって、この宇宙の歴史を過去へと遡っていくと、最後にはどうしても無から有ができたという結論に達してしまいます。この宇宙に最初からものがあったということは考えられないわけであって、宇宙の最初は無であったということになります。その無から物体ができたと。今の宇宙物理学ではそういうふうに考えられています。では、その無の世界に何があったかということになると、そこに「心」があった。どんな心があったのかと言いますと、正確には表現できませんが、神の心、大宇宙のどれかの星に、人間という生物を造ろうという神さまの心があったと、私はそう考えています。

ところで、どんなに進化し科学が発達しても永久に見ることができないものが一つあります。それは何かというと自分自身です。人間は自分で自分を識ることができない。神さまもまた自分の姿を見ることができない。だから神の本当の姿、本当の世の中を見てくれて、そしてそれを実際に表現してくれる人間という生物をこの宇宙の星に造ろうと思われた。だから人間に言葉という表現方法をお与えになったに違いないと私は思うのです。つまり、人間に進化したから言葉ができたのではありません。神さまが言葉によって神さま自身を表現させようと思って、人間を進化させたと考えるべきです。まず言葉が必要だったのです。

それでは神さまがどのようにしてこの地球上に人間を造られたのか。人間が考えれば、太陽と地球だけを造れば地球の上に人間が誕生すると、理屈で考えそうなものですが、神さまはそのようなことはされてはいません。この宇宙はそのような仕組みにはなっていないのです。今から百五十億年前、ビッグバンという現象でこの大宇宙ができたのですが、その爆発によって神さまは無数の星を誕生させたわけです。そしてこの無数の星のバランスによって、四十五億年前に太陽から地球というものを誕生させたのであって、この大宇宙の仕組みというものは全て無数のもののバランスのもとに、あるものが誕生するという、この仕組みになっているのです。人間についても同様、三十五億年前、地球上に生物が誕生しこれまで進化してきたのですが、これもまた地球上に存在する無数の生物、動物、植物、ばい菌その他数かぎりない生物の、生存のバランスがあったからこそで、決して人間だけで生命を伝えようと思っても伝えることはできないものなのです。

――それは実に絶妙なバランスなわけですね。

今も変わりありませんが、三十五億年前に誕生した地球上の生命というものは、無数の生物が誕生し命を伝えようとすることによって、その生物の生命というものが伝わってきたわけで、だから例えば魚でも、何万個という卵を生みますが、自然界の掟によりそのなかのほんの一握り、優秀な数匹の子孫を残していくのです。こういう仕組みで全ての生物の命というものが伝えられています。人間も同様で、一回のセックスで放出される精子の数は一億ないしは四億であって、このなかから最も生命力のある一個の精子だけが受精するという仕組みとなっています。人間が考えたら、一個の精子があれば受精するだろうと思うかもしれないけれども、この自然というものは最低一億の精子がないと一個の卵子が受精しないという、本当にまか不思議な仕組みになっているのです。だからわれわれはみんな、一億人のなかから選ばれた優秀な人間ということになりますね（笑）。

――人として誕生するというのは大したものなのですね。

オリンピックの金メダリストくらいのものです。だからついていない人間なんて、この地球上にはいないんですよ。そういうシステムになっている。なぜといったって、そうなっているんだから仕方がない（笑）。

――言葉を話すために人間に進化した。その進化と言霊信仰との関係については。

先ほどから申し上げているように、日本には古来から言霊信仰というものがあって、言葉には魂があるから、いい言葉を言えば幸せになり、悪い言葉を使うと不幸がやってくるという信仰がずっと昔から伝えられてきました。科学の時代に、言葉だけで不幸になったり幸せになったりするというようなことは、非科学的である、嘘であると言う人がよくあるけれど、それは間違いです。いま宇宙のはじめに、無から有になるという話をしましたが、その無には、神さまの御心が宿されていたと私は確信しています。心というのは実体のない波動ですから、その心の波動から物体ができてきたということになります。で、最初にできたものというのが原子核を構成する素粒子。これも当然すべて波動でできています。その波動から一つの原子核というものができる。それに対し、電子という波動があって、この二つの波動が引力によって調和して原子というものができたのです。つまりこの大宇宙に存在する全てのものは、原子で構成され、そして全ての原子は波動、心の波動からできているのですから、今現在地球上に存在する物体は全て心の波動からできている、神さまの御心から生まれたということになります。

例えばこの机でも、机をつくろうという波動がなかったらできないでしょう。単に板を置いておいて机になるか、ならないですね。だれかがつくろうと最初に思う。それからいろいろできてくる。一番最初にあるのは、心の波動です。心の波動として出てくる言葉にも当然、ものを造り出す力が宿っているのだから、心にいい波動を出しなさい。そうすればいいものが現れる。いい言葉を使うと現実にいい世界が現れてくる。悪い言葉を使うと悪い世界が現れてくる。これが本当の話なんです。これが言霊信仰です。

それでは最高にいい言葉は何だと思いますか。祝詞ですね。祝詞は神の言葉、神に通じる言葉だから、これを話（放）せば、幸せが、神の恵みがやってくるわけです。それをやっているのがご祈禱、祭りです。神職は仲取り持ちだから、神さまと一般の人との間を取り持つのが仕事でしょう。神職が一般の人に代わって祝詞、いい言葉を神さまに伝える。それで神の恵みが現れて人々が幸せになるというのが神道です。

祭りと神人共食

——そういうのがお祭りでもあると。

お祭りというのは神さまを喜ばせる行事でしょう。神さまに喜んでもらうために、まず祝詞でいい言葉を言う。言っただけでは不十分だから文字で書く。文字というのは言葉がそのままかたちになったものです。だから小さな祭りまで数えると二日に一回ぐらいやっているんです。春日大社では、年間お祭りはざっと百五十いくつかあります。春日は日本一お祭りが多い神社だと思います。

——すごい数のお祭りですね。

ええ。奈良時代からそのままやっているんです。一番大きな祭りは三月十三日の春日祭[*27]です。これは勅祭で、天皇のお使いがいらっしゃるお祭りです。それと若宮の若宮おん祭が十二月十七日にあります。これは昔から大和の人たちが祀っていた神さまだから、大和をあげての祭りです。この二つが大きい。だけどそれぞれの性格は異なります。春日祭は天皇の勅命によって行なわれるお祭りですが、若宮祭は庶民の祭りです。

お祭りというのは、いまもいいましたが、神さまをお喜ばせするというのが本意です。だから祝詞でいい言葉をあげ、神楽を舞い、歌を歌い、それで神さまを喜ばせる。神楽とかはみんな神さまを喜ばせる行事ですからね。だから祝詞のなかにも、若い巫女が神楽を舞うのをご覧になってお喜びくださいと書いてある。もちろん八十のおばあさんが舞ってもかまいませんが（笑）、昔は処女の娘さんが舞った。そうすると神さまも初々しくてかわいいなと喜んでくださる。それでお恵みをくださるということです。

人間と同じことです。日本の神さまは、西洋の神さまのような全てを超越した万能神ではない。日本の神さまは人間と同じだから、お喜びにもなるし、お悲しみにもなるし、お怒りにもなる。食事も召し上がるから神饌をお供えしているわけでしょう。毎日、ご日供といって、朝晩ご飯をお供えしております。

27　**春日祭と若宮祭**　春日祭は三月十三日に行なわれる本社ご例祭であり、勅使のご差遣を仰ぎ、藤原一族の奉仕により国家安泰を祈念する平安時代よりの格式ある儀式。若宮祭は摂社若宮神社の例祭で全国的な飢饉、悪疫流行を鎮めるため、時の関白藤原忠通が始めた五穀豊饒を祈る祭り。古来大和一国民衆の祭礼として一般に「春日若宮おん祭」と呼ばれている。

春日祭・饗饌之儀（桑原英文撮影）

八乙女による御田植舞の奉奏

――神人共食、神さまと人間が一緒に食事をとる、あるいはお供えしたのをもらいうけるということでしょうか。そこに一つの意味があるということですか。

昔から同食信仰というのがあります。神さまにお供えした神饌を祭りが終わってから下げて、それをみんなでいただくと神さまのお恵みをいただけるという同食信仰がある。それも科学的に言えば一つの波動の現れなのです。神道では、昔からものに穢れが移るという信仰があります。それと同じであって、ものに波動が移るんです。だから神さまにお供えした神饌には、神の波動が移る。それも神さまがお喜びになって召し上がったものだから、最高の波動が食事に移るわけでしょう。それを下げて、われわれが食べたら、神の波動がそのまま入ってくるということなのです。それが同食信仰の真実の価値なのですね。

その名残りが、結婚式の時の三三九度の盃です。新郎と新婦が神さまのおさがりの同じお酒を飲むことで一つになるのです。またいま会社でやっている忘年会などの宴会もそうですね。みんなお膳を並べて同じものを食べるでしょう。あれも同食信仰の現れなんですね。

――同じ釜の飯とか言いますね。

そうですね、あれは神事です。知らないで神事をやっている。日本人だからそういうことを潜在意識で知っているわけでしょう。神道は神社でやっていると言うけれど、無意識のうちに一般の日本人の生活のなかに息づいているんですね。

――うちを建てるときなどに行なう、地鎮祭も完全にそうですね。

みんなそうやっているわけですね。西洋人と日本人は根本的に違う。西洋人は個人主義だから、風呂ひとつを見てもわかります。かれらの風呂は一人入ったら全部流して、また入れなおすでしょう。日本人の風呂は何人も入るでしょう。これは貧しいとか、そういう意味ではなくて、同じのに入ると一つになるという根本的な思想があるからです。だから銭湯でもみんないっしょに入るんですね。根本的にものの考え方が違うわけです。

大いなる心を生きる

――大いなる心が初めにあって、そこから……。

どうしても無がなければ有が出てこない。最初からものはないわけだから、どうしても無から有ができたというところまでいかないとわからなくなる。無のところに何があったのか。有を生みだす何かがなければ有が出てこないわけです。そうするとそこに「心」があったということになる。心とはなんぞやと言ったら波動だということです。波動があって、それからスタートする。簡単に言えばそういうことですね。

——そのお話をうかがって、宇宙の心というと、西洋のゴッドの考えと非常に近いのかなという気がしましたが、キリスト教でも「初めに言葉ありき」とかよく言いますね。

同じようなことを言っていますね。だけどキリスト教の、「初めに言葉ありき」というのは、宇宙を、われわれ人間が誕生するその直前から話をしている。言葉があって、天地ができて、そこに人間ができてきた。そういうふうにバイブルに書いてあります。ところが『古事記』にはもっと昔の、百五十億年昔の宇宙ができたときから、キリスト教よりはるかに昔まで考えが行っている。すごいんですね。

キリスト教が言っているのは、伊弉諾（いざなぎ）、伊弉冉（いざなみ）のちょっと前ぐらいから言っているわけです。こうやって天地ができてきて、人間ができてきたという話をしている。ところが『古事記』の最初はもっともっと宇宙ができた初めから言っているんです。さきほども言いましたが、それを書いているのが『古事記』[*28]の神代篇です。

いまの天文学でわかったと考えられているのは、宇宙は最初はボールぐらいだったというんですね。これが百五十億年前にビッグバンという大爆発を起こすわけでしょう。いまの大宇宙に膨れ上がる。そこに何千億という星が出てくる。ここに何があったのかというと「心」だということです。これは人間をつくろうという心があって、百五十億年前にビッグバンでいまの大宇宙ができた。これは天文学でわかっているわけでしょう。これを言っているのが『古事記』で、『古事記』の一番初めに天之御中主神（あめのみなかぬしのかみ）が最初におられたと書いてある。天之御中主神というのが、つまりこの大宇宙の生みの親である「心」です。これから始まるわけです。

『古事記』の神代篇に、「天地の初発の時、高天の原に成りませる神の名は天之御中主神」と書いてある。ところが、神代篇が理解できないものだから、今までは、これは単なる神話だ、荒唐無稽な話だといって、誰も真面目に取り上げようとしない。

だけど僕は違うふうに考えます。これは宇宙が百五十億年前にビッグバンでできた、その前のことからスタートしているんですね。これが天之御中主神です。これを日本人の祖先が知っていたと私は考えているんです。

最初に書いてあるのは、いろいろな高皇産巣日神（たかみむすびのかみ）とか、神皇産巣日神（かみむすびのかみ）とか、神さまの名前が出てくる。それらの神さまはみんな一人神なんです。夫婦ではない。それが一人で次々に子を生んで、神さまがご出現される。そうするといまの考えでは一人で子供が生めるはずがない。神話だとみんな思っていたわけです。だけどこれはとんでもない話なんで

28 **『古事記』神代篇** 『古事記』は三巻から成り、その上巻が神代巻と呼ばれ、数々の神話を記している。神話には当時、もしくはそれ以前の社会観念や宗教観念が含まれ、日本人の行動様式、思考方法の成り立ちを知るに貴重な書物である。

す。夫婦で子供を生むようになったのは、いまからやっと十億年ぐらい昔からですよ。二十五億年ぐらいの間はみんな一人神ですね。男女がない。全部単性で子供を生んでいた。一人神で子供を生んでいたんです。一人神の時代のほうが長いんです。それを書いているのが神代篇です。自然はそういうふうな仕組みになっているのだから、本当なんだと言っているんです。そのことに『古事記』ができて千何百年だれも気がつかなかった。本居宣長も気づいていないようですね（笑）。

――そうすると初めの宇宙の心と、われわれ一人ひとりが持っている心はつながってくるものですか。

もちろんつながってきます。最初に人間をつくろうという心があって、それがいろいろな過程で現在まで来ていると考えます。すべて最初は単細胞、わずか一個の細胞から進化して人間まで来た。その間にいろいろな生物が現れ、滅び、現れ、滅びして現在まで至っている。それはあくまでも過程なのです。人間というのはこれから進化していくんですね。さっきからいっているように、人間がこの世に誕生した目的は、宇宙が自分で自分を見ることができないから、自分の本当の姿を見てもらえるものをつくろうというので、人間を生まれさせたと私は確信しているのですが、まだ人間で宇宙の本当の姿を見た人はいない。だから人間はまだまだこれから進化するわけです。進化の過程です。だからオウム真理教が出るのも、住専で賄賂とか、そんなことをやるのも、戦争で殺し合いをするのも、すべて過程なんです。そういう過程を踏んでこないと人間は進化しない。最初からしあわせなことばかりにならない。それが大宇宙の摂理なんですね。

――大宇宙の摂理ですか。

先にもいいましたが、本当の宇宙とは夜なんです。宇宙は真っ暗なんです。明るいのは地球のわずかに空気のある大気圏だけなんです。残りは九九・九九九パーセントは夜です。これが本当の世界です。これを見せようというんですね。夜を見せるためには昼がなければ、夜ばかりでは夜がわからない。そのためにわざわざ空気をつくって、反射させて、昼の世界を地球につくったわけです。初めて夜があるなということを、夜を見せるために全く反対の昼を宇宙はつくったわけです。すごい知恵なんですね。

私はだれだれの説だとか言われているものをあまり信じません。私が言っているのは宇宙の本当のことなんです。説というのは人間が考えたことであって、その人の個人的な考えが含まれているでしょう。キリストだって、お釈迦さまだってそうですね。キリストが哲学的に考えたのがキリスト教であり、お釈迦さまが哲学的に考えたのが仏教でしょう。そういうことではなくて、宇宙はどういう仕組みになっているか、そこから導き出される真実、そしてこれは本当のことだということを私は言っているわけです。それをやっているのが神道なんです。キリスト教にはバイブルがあり、仏教にはお経というものがある。神道にはそのような教典もないし何もない。ということは説教ではないんです、事実なんです。事実をかたちで現しているのが神道なんです。

坊さんは説法をするけれど、神主は説法をしないと、よく言われます。坊さんのありがたい説法を聞きにいく。一方、神主は説法ではなくて、本当のことをかたちで現している、祭りを通して伝えている。昔はそれでよかったんだけれど、いまの人間は皆理屈にかたよってしまったから、理屈を言わないとわからない。仕方なく神主で僕のような人間がしゃべっているわけです（笑）。本当はしゃべる必要はないんですよ。かたちで示せばいいんです。だから異色の神職なんです（笑）。普通は神職はしゃべらない。しゃべらないのが神職なんですね。

第四章　素白の心・宇宙のいのち

春日万燈籠

宗教と医学のこと

——いよいよ最後になりますが、素白（そはく）の心・宇宙のいのちということでおうかがいしていきたいと思います。とっかかりとして、宗教と医学の関わりというようなことからうかがいたいと思います。

東洋医学の話をするときにいつも言うんですけれど、東洋でも西洋でも、もとは宗教と医学は同じものだったんですね。だからキリストでも目の見えない人の目を開かせたり、足腰の立たない人を立たせたり、そういう奇跡をやっている。お釈迦さんでもやっている。だからもとは宗教者はみんな医学もやっていたわけでしょう。日本でもお坊さんは説法もするが、同時に病人を治しています。しかし、西洋では途中から宗教と医学とが分かれた。宗教は宗教で、医学は医学で分離独立したわけです。

ところが東洋ではこれが分離しなかった。そのまま来てしまったのが東洋医学です。今までは西洋のほうが正しいと思われてきた。ところが、これからのことを思ってみると東洋のほうが本当ですね。

逆にいまの医科大学に宗教の講座を設けるべきだと思います。なぜならいまの医学はあまりにも学問的になって、人間をもの扱いにしている。これではだめです。宗教的な心が医者になければ本当の医学はできないでしょう。原点に戻って、宗教と医学は一体のものとして治療をやるべきです。

今の世の中は、科学、科学といって、科学ですべてのものが解決できると思っている人が多い。例えば、体の調子が悪いとき病院に行くと、いろいろな検査が行なわれますね。その結果が出たらそれで身体の状態がわかって、病気が診断され治療方法がわかると思っている人が意外と多いが、これは大変な間違いです。病気を判断するのが人間の医者だということが忘れられています。ここでは、検査の結果が出て、それお医者さんによって当然判断が違うわけですから、診断も治療も違ってくる。だから、同じ結果が出ても、の検査の技術はオールマイティではないにもかかわらず、「あくまでも現在の検査の技術では」という大前提が忘れられているんです。さらに現代

しかも患者さんだけでなく医者自身がそれに気がついていないことが問題です。皆さんも感じておられると思いますが、検査の結果だけを見て、患者さんを見ない医者が非常に多いのです。検査の結果はあくまでも病気を診断するための補助の手段でしかないのです。当然のことまず医者は患者の全体の状態を自分の目で見て、その上に検査の結果を参考にして診断するのが当たり前なのに、現在ではそれが逆さで、検査の結果だけが主体で、患

者さんの全身の状態をほとんど見ないで診断している医者が多いんですね。これは現代の医学の大変な間違いだと私は思います。

先にも言いましたが、東洋医学では、首や肩こりという症状は狭心症や脳溢血にもつながる大変な兆候なのですが、これらは検査では結果が出てこないので、西洋医学では全く問題にされていません。ところが以前に、私の病院に登校拒否症の小学三年生くらいの女の子がお母さんに連れられてやってきた。私は精神科の医者じゃないから、他の病院に行ってくださいといったら、そのお母さんが「今までいろいろな病院の精神科で治療を受けてきましたが、いっこうに良くならないのでここに来ました」ということでした。その女の子は身体がだるくて食べると吐くし、だんだんと学校に行かなくなったということです。お母さんにいわれて、女の子の身体を手で触って診察していたら、ものすごい肩こりがあるのに気がつきました。まさか小学生の女の子にそんな肩こりがあるとは想像もしませんでしたね。それで私は肩こりの鍼治療を行なったんですが、病院から帰る途中、その子は今まで全くなかった食欲が出てきて、お腹が空いてたまらないので、お母さんと食堂に入ってもりもりと食事をしたというんですね。お母さんが驚いて、後で私のところに電話をしてきました。それから半月くらい私のところで鍼治療を続けましたが、登校拒否症は完全に治って、クラブ活動も行ない、元気に勉強を始めたというので、お母さんが喜んでお礼に来られました。検査ばかりで女の子の身体を医者が触診もしていないので、こういう結果になったのです。登校拒否症の原因が肩こりだったというわけです。これはほんの一例に過ぎませんが、こういう原点を忘れた治療は枚挙にいとまがありません。

僕が大学へ手伝いに行っていた時も、そんなことがありました。ガンの患者がいっぱい来ていたのですが、私が、この状態では死ぬから手術したらいけないと判断することがありました。ところが若い医者は医学だけで、検査しまくって、いまだったら完全に除去できるというのですね。それで患者にいまだったら完全に取れますからと言うと、患者はそうかと思ってやってもらうでしょう。なるほど、完全に取ってしまったのはいいけれど、取ったあと、半月くらいして患者が死んでしまうということがよくありました。

――そら恐ろしい話ですね。

当たり前のことなんです。いまそんな大きな手術をして、この体力だったら死ぬ。それだったら治らなくても一日でも長く生きさせるためには、手術しないほうがいいと普通は判断するわけです。それでそのまま手術をしない。そうすると、若い医者は何をやっているんだ、いまだったら取れるじゃないかと言うわけですね。体力がないときに何時間もかけてやったら死ぬに決まっています。そういうことがわからない。人間の本質を忘れているんですね。

そう、それから以前ある大学の教授が心から憤りの気持ちで、これが医学かというようなことを医師会の新聞に書いておられました。ちょっと詳しいことは忘れましたが、ある年配のご夫婦がおられ、ご主人がガンだったか、それが重症になり、何日も生きられないということで入院をされた。その時奥さまがつきっきりで看病し、夫婦で今まで話すことがなかったようなことを話し合い、お互いに心を通わしていたそうですが、その病院の若い医者が、重症患者だということでご主人を集中治療室に入れたのです。それでは延命治療ができないと入れない。奥さんは看病させて欲しいと頼んだのですが、それでは延命治療ができないということで離れ離れになってしまい、その後ご主人は集中治療を受けたまま死んでしまったのです。たまたまそれを見ていた教授は、もし集中治療室に入れなければその患者は早く死んでしまったかもしれない。けれど、手から足から口から鼻からチューブや電線だらけになって少しだけ長生きするよりも、奥さんに看病をしてもらったほうがその患者さんは満足したんじゃないか。ただ近代医学の成果ということだけの延命治療が果たして本当の医学なのだろうか、といったことを書いておられました。私もこの教授と同感です。たとえ集中治療しなかったため何日か早く死んでも、奥さんが看病し、夫婦で話し合うことができるのが、真実の人間の医学ではないかと思います。

近代医学はあまりにも人間の身体をもの扱いにして、本来あるべき人間の姿というものを忘れています。だから宗教と科学は別個にすべき問題ではなくて、それを一体にして人間の生きる道を本当に探究すべきです。西洋医学はそれを分けたところに間違いがある。ところが東洋医学はそれを分けなかった。そのために東洋は医学が発達しなかったというが、違うんですね。分けなかったからよかったんです。いま言ったように原点に戻って、もう一度人間はいかに生きるべきか、そういうことをやらなければいけないと思います。

素白のいのち

――そういう意味でいうと、神道は自然との調和とか、自然からのメッセージとか、そういうのを受け止めていく何かであると。

僕の言っているのは理屈ではなくて、その奥の本当の姿を見なさいということなんです。だけど人間、頭で理屈ばっかり考えるから、いわゆるオウム真理教のマインドコントロールと同じで、本当の姿が見えなくなってしまっている。だから理屈をいっぺんはずしなさいと言っているわけです。

たとえば禅宗だったら坐禅をして無我になれとかいいますね。そういうのはみんな同じことなんですね。我というものは理屈です。これがあったのでは悩みは解消されないから、無我になって本当の仏の世界を見なさい。そうしなければ本当のしあわせはやってこないというわけです。原点は同じでしょう。

いまはあまりにも我が強すぎる。なんでも理屈で言うでしょう。だからいま言ったように何かを言っても、すぐ理屈で反発してくるでしょう。それでは救われないから、そういう理屈をはずしなさい。宇宙の本当の姿を見てみなさい。それがどういう仕組みになっているか、そうしたら本当のことがわかってくると言うんです。

――われわれは「我」が強すぎると。

ええ。医学では遺伝子のなかに情報があって、その作用によってわれわれは生活させてもらっていると、これは医学界の定説なんですが、私はそれだけじゃないと思っています。遺伝子というのはテレビみたいなものだと思うんですね。テレビがなぜできたのか。これは偶然にできたのではなくて、宇宙の仕組みが放送局と受像機のような関係になっていて、それを誰かが無意識のうちに感じて作ったんだと思います。私たちは、たしかに遺伝子の作用によって生かされているのですが、遺伝子からの情報だけで生きているんじゃなくて、テレビと同じように微量の波を出すことによって、宇宙にある大きな情報波と共鳴する。遺伝子のなかにブラウン管と同じようなものがあり、ふっと神さまと同じような周波数の波を少し出すことによって、神さまの波動、エネルギーがどっと入ってくるものだと思います。

それを枯らしてしまい不可能にしてしまうのが「我」なのです。神さまの真実の世界を見るのが人間の生きていく目的です。それをできなくするのが我であり、その我をなくすために、昔からいろんな方法が行なわれ、数々の難行苦行が行なわれてきましたが、それでは、その方法で宇宙の真実の姿を見ることができたのかというと、はなはだ怪しいと言わざるを得ません。私はそこに感謝の心、理屈ぬきの純粋な感謝の心が不可欠だと思うのです。この大宇宙は感謝の心で満ち溢れているわけで、それはすなわち神さまの心、ご加護のことです。こちらから電波を出すというのは、つまり神さまに対して感謝の気持ちを抱くことです。それも何ほどの見返りも期待しない素白の心をもってです。そうすることによって、テレビの大画面のように大宇宙の心、神さまの心が導かれ、心が喜びで満たされるのです。これが本当の感謝であり、悟りと言われてきたものです。と、こう言えば実に簡単なことのようですが、実際は難行苦行よりもはるかに難しいことかもしれません。どんなことが起きても構わない。それらすべてを感謝の心で受け止めていく。その捉え方いかんによって未来が決まります。どう捉えるかが大切なのですね。

――人はなぜ死ぬのかとか、なぜ老いるのか、そういうものも……。

前にも言ったように、すべての目的は宇宙の本当の姿を人間に見せたいということです。

自分の姿を見せるべき人間をつくろうというのが原点なんですから、人間に宇宙の真実のすばらしさを見せるためにはどうしたらいいかと。すべてがその過程です。人間が永久に死ななかったら、生命の神秘とか、そういうものがわからない。生命は有限だからこそ、この生の間を精一杯生きなければいけないということを考えるでしょう。それで少し真剣になってくると、生命というのは不思議なものだなと感じてくるでしょう。人間が永久に死なない、何億年たっても死なないといったら、だれも生命なんて考えないでしょう。だから有限にしなければならない。宇宙はそうしている。わざわざ死というものをつくって、人生を有限にしているんです。そうすると、いつかは死ななければいけない。全部死ぬ。生き死にしている間に真剣になっていく。そうすると死とはなんぞやということから、生きるということのすばらしさがわかってくるでしょう。だから生命の神秘を悟らせるためにわざわざ死というものをつくったんですね。

宇宙はそういう仕組みになっている。これはキリストの説でも、釈迦の説でもなんでもない。僕の説でもないですよ。宇宙を見てごらんなさい。そういう仕組みになっているんですね。反対のものをつくることによって、その本物を見せるというのが宇宙の仕組みなんです。生きるすばらしさを見せるためにわざわざ死をつくったんです。

だけどこれですべて終わりというのは宇宙にはない。宇宙でこれで終わりですというものはないんです。必ず循環している。地球が太陽の周りを回っているように、なんでもすべてが循環している。宇宙全体が回っているんだから、ここで終わりですというものはない。すると、死んで終わりですということもあり得ない。また回ってくるに違いないのです。宇宙はすべて循環とバランスで成り立っています。

人間の体も循環とバランスでできている。これが東洋医学の人体を宇宙と見るというすごい発想ですね。われわれが生きているのは、血液の循環とバランスで健康に生きている。だから宇宙の仕組みと同じです。人体がわかれば宇宙がわかると昔から中国人は言っているでしょう。そういうことなんですよ。必ず死んだらまた生まれてくる。これが当たり前のことなんです。ただ、昼から夜の世界に行ったというだけで、また朝がやってくる。これと同じことで、たまたま昼の世界から夜の世界に行ったときをいまは死と言っているけれど、夜の世界を回ったらまた朝がやってくる。こういう世の中になっている。それが宇宙の仕組みなんです。

そうすると死ぬというのはどうということはないんですね。次に生まれるための準備であって、死ぬということは、悲しいことでもなんでもないということになってしまうでしょう。夜になってお休みというのと同じですね。お休みというのは、朝になったら目が覚めてくるということですから。ただ次に生まれてくるための入り口に過ぎないということとになるでしょう。それがわかったら悟りですね。そうすると大往生で死ねる（笑）。

見えないものを信じる力

——それは、宮司がよくおっしゃる見えないものを信じる力というのと……。

この世の中は見えないものが真実、実在なんですよ。宇宙は見えないんです。見えるものはほんのわずかしかない。というのは見えるものというのは眼球が感じる波動しか見えない。ところが波動というのは無限にあるんです。だから見えないもの、実在のものが無数にあるんだけれど、無数にある波動をわからせるには、すこしだけ見せてやろうということです。それが宇宙の仕組みでしょう。すこしだけ見せたら、見えないものがある、それのすばらしさがあるということを感じるでしょう。全部が見えてしまったら感激がない。だからほんのわずか、人間の目が感じる波動は宇宙の無限の波動のなかのごくわずかなんですね。それが証拠に赤外線、紫外線、X線をわれわれは感じないでしょう。機械でわかるけれど、われわれの目は感じないでしょう。X線なんて感じないけれど、実際に骨が写りますね。あれは一例に過ぎないけれども、そういう波動がずうっと来ているんです。そのなかのわずかな波動だけを目で感じる。

だから目で見えるもの以外は信じないなんて、冗談を言ってはいけない。見えないものをこそ信じなければいけないんです。

人間は自分が見たものだけが実在と思っています。これはとんでもない話であって、イヌが見ている世界と、人間が見ている世界は、眼球が違うんだから、みんな違うわけですね。感じる波動が違うんですから。

いまの生物学ではおそらくイヌが見ている世界は白黒の世界だろうといいます。色を感じない。それに対して人間は色を感じる眼球を持っているんです。イヌは白黒写真と同じものを見ている。人間はカラーが見える。全然別なんです。そうするとどれが本当なんだということです。カラーが本当か、白黒が本当かということになって、どっちが本当かわからない。だけど人間はカラーが本当だと思っている。人間は人間中心でなんでも自己中心に考えるから、人間がカラーに見えたら、この世の中はカラーだと思っている。嘘を言うなというんです（笑）。

たとえば奈良公園のシカは車が来ても悠然と歩いている。人間だったら、車が来たんだからちょっとどけろとか、プップッと鳴らしたら逃げるだろうと。これは人間の発想です。シカには車なんて感覚はないわけですから、信号が青になった、赤になったというけれど、赤や黄色はシカに見えるわけがないと僕は思う。人間と同じ音が聞こえているかどうかもわからないでしょう。

シカはシカの見ている世界があるわけでしょう。それで悠々と行くわけですね。シカはシカの世界で生きているんだから、全然別の世界を生きているわけです。そういうことを知らなければいけないというんですよ。人間は人間社会だけがすべてだと思っている。それが間違いのもとだと言っているんです。

たとえばコブラはAならAという猛毒のものを持っている。かむと唾液のなかにAという猛毒があるから、かまれると人間は死ぬ。人間の神経のどこかを冒して、神経をだめにする。そうすると呼吸ができなくなる。それで死ぬ。それで人間は猛毒だという。ところがそういう受け皿を持っていない動物がいるわけです。コブラがかんだってどうということはない。受け皿がないから、ただAという物質に過ぎない。Aという物質が体に入っただけで、死なない。逆に喜んでヘビを食べてしまう。

だから猛毒かどうかということは人間が決めることではなくて、受け皿のほうで決めることなんですね。青酸カリで人間はころっと死にますね。青酸カリは猛毒だというわけです。糖を分解してわれわれは生きているわけでしょう。それには酸素が必要なんです。青酸カリは酸素を利用できなくするんです。酸素がないと糖を分解できない。エネルギーが出ない。それで死ぬ。ところが糖を分解しないで生きている生物はいくらでもいるんですね。それに青酸カリをやってもなんということはない。単なるシアン化カリです。かれらにとって、青酸カリは単なるシアン化カリなんです。嫌気性菌、酸素を嫌う生物はいくらでもいる。それは全然生きるシステムが違うんですね。青酸カリが猛毒だというのは人間にとって、ということにすぎないんですね。

――今のお話はそのまま人間関係にもあてはまりますね（笑）。

そういうことです。あいつは嫌なやつだというのは、こっちにとって嫌なやつなんです。だけどその男性をものすごく愛している女性もいるわけで、その女性にとってはすばらしい男性になるわけでしょう。だから嫌なやつというのはいないんです。そういう人間はいない。あくまでもこちらにとって、ということなんですね。立場が違うと同じ人間が変わって見えてくる。

――そこに気がつかなければいけないのですね。

決めるのは向こうではなくてこちらだということです。だからこちらが変われば相手も変わるというんです。嫌なやつだったら、こちらが嫌なやつじゃないと心を変えたら、嫌なやつが良いやつに変わってくる。これが宗教でいう回心の原理なんです。これは本当のことですね。

茶碗がありますね。これは単なる茶碗なんです。これに悪い茶碗もいい茶碗もない。ただの茶碗なんです。それが真実でしょう。これがいいとか、悪いというのはこちらが決めることです。その原理がわかったら、この世の中から悩みがなくなる（笑）。昔からお坊さんも説法でそれを言っているわけです。

それがわかって実践できたら、世の中はバラ色に変わる。だけどわからないし、とても実行できないから、いままでみんな苦労しているんですね。憎んだり、恨んだり、悲しんだり、悩むわけです。それも一つの過程だから、そうやって人間が少しずつ進化していくのだろうと思います。最後には人間は、いまから何万年先か、何億年先か知らないけれども、いつか人間は本当の神を、本当の世界を見るときが来ると思います。

――そうですか。

ええ。それが宇宙の目的ですから。人間に自分の姿を見させようというのが目的だから、もっとこれから進化していって、人間は最後には本当の世界を見るのだろうと思います。見なければ目的に反するわけですからね。いまは単なる過程にすぎないわけです。

生かされて生きる

――どうすれば神の本当の世界を見るようになれますか。

何度も申しますが、それは感謝の心を持つことです。われわれは神社に参拝して手を合わせるということをしますね。手を合わせること、これも医学的に言うならば、手のひらから電気が出るわけでしょう。何人かが手をつないだら電球がつくほどのボルトができる。だけど電球がつかないのは、アンペアが少ないから。電圧はでるけれど、アンペアがないからつかないだけの話です。そして手をひろげると放電する。手を合わせると、放電しないで手から手に電流が流れてエネルギーが蓄えられる。抵抗がないから楽なんですね。ひろげると放電する。放電してエネルギーが出ていくでしょう。偉い人は力があるから、手をひろげて、波動が出るから、それによって人を救ったりするでしょう。

――そうですね。手かざしとか、手当て、といいますね。

それだけのエネルギーを持っている人はやるけれども、一般の人がそんなことをやったら疲れてしまうでしょう。手を合わせると電流が循環して放電しない。エネルギーの放出をしないですむ。楽なんですね。それで手を合わせるんです。

ただし、これは医学的な説明で、本当は、ありがたいと思ったら手を合わせてしまったんです。ありがたいと思ったら自然にそうなっていた。なぜこうなるのかと調べていったら、電流を放電しないですむという結果になる。しかし、これはあくまでも理屈です。最初は理屈ではなくて、ありがたいというと自然に手を合わせた。

いつも言うんですが、たとえば茶道で作法があるでしょう。いまは作法を一生懸命に練習して、茶道の奥義を極めようとしている。ところが最初は違うわけです。無心になってお茶をたてたら、ああいう作法になった。逆なんですよ。最初の人は無心にやって、ああいう作法をつくりあげた。だけどあとの人は無心になれないから、作法から入って無心になろうと。逆なんですね。一番最初の人は、感謝して、ありがたいと、理屈なく手を合わせたわけでしょう。だからなぜこんなことをするんですかというのが間違っているので、神さまを拝んだら自然にそうなってしまった。すると電流の放電がないわけです。だから神さまを拝むとき頭を下げる。手を合わせる。なぜか、神さまを拝みたくなる心になるとこうなる。これが理屈のない自然の姿ですね。だからいま言ったように理屈を言うなというんです。

――素直になりなさいと。

拝む姿、感謝する気持ちになったら、自然に手を合わせるということですね。

――感謝ということが大事なことなんですね。

そうです。感謝の心というのも一つの波動だけれども、それを持つということが基本なんです。そうしたらおのずと手を合わせる姿になる。

――感謝というのは、何に対する感謝ですか。

感謝もいまは間違っています。神さまにお願いして、お恵みがいただけたら感謝する。これは感謝とは違う。これは取引です。これだけお賽銭をあげるから、その代わり神さま、子どもを入学させてくださいという取引ですね。入学したらありがとうございますという。これは感謝でもなんでもないんですね。感謝には理屈はいらない。神さまありがとうございますといって、神さまと波長を合わせたら子どもが入学するということなんです。入学したから感謝するのではないんです。感謝したら入学するということなんです。世の中は逆さをやっているんですね。

太陽の光は空気によって反射して初めて光と熱が出るわけでしょう。反射しなかったら光も熱も出ない。感謝しなかったら全然神さまは出てこられないんです。だから反射と感謝とは同じだと言っているんです。

入学させてもらったら感謝しようかと。そんなふうには宇宙の仕組みはなっていない。反射しなければ出ないんですよ。感謝しなければ出ない。だから感謝しなさいと。そうすると何に感謝するんですかと言う人がいるんですね。何にと言うときにはもう感謝ではない。それは取引です。

――その瞬間に取引になる。

理屈なしにありがとうございますと言えたときが本当の感謝です。そうすると神のお恵みが現れてくる。これが本当のことです。だからよく健康に感謝する。健康でありがとうございました。それは結構なんですよ。でもそういう人に限って病気になったら感謝しない（笑）。

たとえばお祈りで自分の病気を神さま、治してくださいと。ところがお祈りしてもさっぱりよくなりませんという人がいます。それは治らないですよ。私を健康にしてくださいということは、私は病気ですと言っているようなものです。自分は病気だから健康にしてくださいと言うわけでしょう。神さまに私は病気ですと言っているんだから、そうかと、そのとおりに病気になってしまう（笑）。だからどんなに病気でも、健康でありがとうございますと言いなさいというんです。そうしたら健康が来る。病気を治してくださいということは、私は病気ですと神さまに訴えていることですからね（笑）。

――感謝は、生かされて生きる、そこにつながってくるということでしょうか。

それが本当のことだからです。生かされているというのは本当のことだから、本当のことを知りなさいということです。理屈のない感謝こそ本当なんです。理屈のある感謝は感謝ではない。それは光の反射と同じことです。宇宙はそういうふうになっているんです。

――宮司はよく「本当のこと」とおっしゃいますね。「本当のこと」が神道なのですね。

そうです。本当のことというのは宇宙の仕組みです。これ以外に本当のことはないんです。神道はその本当のことを表わしているんです。よく人間が新しいものを発見したとか、発明したというけれど、そんなものは存在しない。それは、宇宙に存在する法則に人間が気がついたというだけなんですね。発明したというのは、法則を利用して何かの形につくりあげたというだけでしょう。だから法則がなければ人間は何もつくれない。すべてこの大宇宙に実在する法則以外のものは存在しないということです。原子爆弾だってそうですね。原子にあれだけのエネルギーがあるから爆発した。単に原子のエネルギーを利用しただけでしょう。もともと原子にはエネルギーがあるんですから、宇宙がつくったんですから、何も原子爆弾なんて新しいものでもなんでもないわけですね。百五十億年前にビッグバンで大宇宙をつくった大エネルギー、水爆どころか、その何千億倍というエネルギーを宇宙が出したわけでしょう。そういうエネルギーが宇宙にあるんですね。それにただ気がついたということと、利用したというだけです。

宇宙に存在しないものは人間はつくれないのです。そんななかで人間は自分で生きていると考えていることが現代の最大の間違いです。人間は生かされている、何事もさせていただいているというのが真実です。

こんなことをいうと怒られるけれども、阪神の大震災では震度七でひっくり返った。だから今度は震度八でも倒れないような構造に建物を建てようと言っているでしょう。あれは間違いだと言っているんです。人間が建てるのではない。建てさせていただきますという心が大切なんです。それがないから、震度七の地震にひっくり返ったから、今度は震度八にも耐えられる建物を建てるといったら、自然が笑わせるな、だったら今度は震度十の地震をやってやる、というようなものでしょう（笑）。何か日本人の根底が狂っているとしか思えません。

これも自然のお知らせで、そんなことをやっていたらきりがない。そうではなくて、申しわけありませんでした、これから建てさせていただきますという感謝の心に気をつかせるために自然はやったのかもしれません。それを実践しているのが神道です。神道の地鎮祭は、土地の神さまにものを建てさせていただきますとお断りしているわけですね。日本人は昔からやっているのに、それを忘れてしまって、おのれが設計して建てるなんていうから、おかしくなってしまうんですね。そうじゃない。建てさせていただくんです。この土地に建てさせていただいてよろしいでしょうか。よろしくお願いいたしますよというのが、地鎮祭の祝詞なんです。

建築屋さんはかたちだけ地鎮祭をやる。宮司さん、できるだけ短くやってくださいよ（笑）。できるだけていねいに、時間をかけてやってくださいというのだったらわかりますが、次の予定があって忙しいですから十分、そこを五分でできませんか（笑）。根本から違うんですね。生かされていることを生きていると思っているんですね。だから生かされている、させていただきますと。しているんじゃない、させていただける、というのが本当なんです。これをいまは全部忘れてしまっている。

シンプルであること

——それが、「神ながらの道」とか、「人となる道」とか、そういうものでしょうか。

よく、神道を指して「神ながらの道」と申しておりますが、その「神ながらの道」もいままでの解釈は間違っています。特別な道と解釈するけれど、そんなことはない。「ながら」というのは「のまにまに」という意味でしょう。何々をしながら、音楽を聴きながら勉強するという、その「ながら」でしょう。音楽を聴きつつ勉強するという「ながら」です。だから神の導きに従って生かされているというのが「神ながらの道」です。

それを理屈をこねて、「神ながらの道」とは何かとか難しい理屈で説明するでしょう。難しくはないんです。真実というものは簡単です。シンプルが原点です。本当の正しいことに難しいことというのはない。難しい理屈は人間が勝手につけたもので、真実はいつもつねにシンプルです。これが神道の原点です。

医者でも学会で発表している助教授クラスの話はわからないのが多いですね。難しい理論を英語とかドイツ語を混ぜてとうとうとしゃべる。何を言っているのかさっぱりわからない。それがベテランの教授になると、やさしく、簡単にしゃべる。超越するとやさしくなってくる。だから物事は難しいことを難しくしゃべるのは簡単なんです。難しいことをやさしく、わかりやすくしゃべるというのが難しいんです。わかりやすくしゃべれたら、その人は本物なんですね。ノーベル賞でももらうような研究は、共通してシンプルだといいますね。難しいのはない。みんなシンプルだといいます。

ご存知のとおり伊勢神宮のご神殿は大変シンプルです。だがそこに荘厳さがある。外国の教会というとシャンデリアがあったり、ステンドグラスがあったり、豪華ですが、それに対して神道の神殿は、ものすごくシンプルな建物です。そこにすばらしさがある。シンプルなところに神さまは存在する。それを表しているのが神道です。春日大社のご本殿もシンプルです。その簡素の極限のなかに神を現しています。これが日本人のすばらしさです。

――えもいわれぬものを感じる。

自然の真理というか、だから神道というのはすごいのです。本当のことを表すんです。ご神殿のなかはだれも見られないんですね。宮司しか見られない。私だけがなかへ入ってみる。するど、びっくり仰天する。僕がびっくりしたというと、どんなに豪華なんですかと、みんなが聞くんです。反対だというんです。あまりにもシンプルで驚いてしまう。しかし、そのなかに荘厳さをひしひしと感じる。これが原点です。だから複雑なもののなかには、神はいらっしゃらないんですね。

――真実はないと。ところがみんな複雑にして喜んでいる。

複雑にしようとするでしょう。本当はシンプルなんです。伊勢神宮にしてもシンプルだからこそ、二千年近くも続いているんですね。シンプルというのは真実なんです。それを難しく、人間が理屈をくっつけていくのですね。

――そういう意味でいうと、神道の神職の方々はみんな白のお召しものですね。

それが原点ですね。シンプルです。色、模様をつけない、白です。

ちなみに日本の着物が世界のファッションを変えたんですよ。そんなばかな、ファッションは西洋から来たものだろうと思うでしょう。ところが違うんですね。西洋の服装は昔のルイ十三世の時代とかを見てごらんなさい。ピタッとくっついている。

――体を締めているんですね。

男のズボンでもピタッと密着しているでしょう。ナポレオンを見てもそうですね。体に合わせてつくるのが服装だと西洋人は思っていた。明治になって日本に来てみて、日本の着物が悠々としているでしょう、締まっていないでしょう。それを見てショックを受けたんですね。

日本の着物はだれでも着られるようにだぶだぶにできているでしょう。それを帯で留めたりして体に合わせている。外国の着物は最初から体に合わせてつくってある。日本の着物は体に合わせてつくられていない。体に合うように着せる。発想が全く逆でしょう。洋服のオーダーメイドは、あなたならあなたに合わせてつくるでしょう。それが西欧の考え方です。日本人はそうじゃなくて、ダボッとつくっておいて、着るときに体に合わせて留める。発想が逆なんですね。

シンプルさといえば絵でもそうですね。日本画と洋画はずいぶん違いますね。油絵は画面一杯全部塗りつぶす。肖像でも背景は全部塗りつぶして描く。これは西欧の考え方で、せんじつめれば、人間の力で、何でも変えようとの考えのもとに出てくるわけです。ところが日本画というのはそうじゃない。鳥一羽でもこうやって飛んでいる。そして背景は真っ白ですね。それでも鳥が大空を舞っている姿が想像できますでしょう。空や自然が真っ白ななかに想像されるとともに、自然と共に生きるという自然感が日本人の特性です。だから絵も、日本画と洋画とは違ってくるのです。

それから、お祈りでもそうです。外国人は、教会でも必死に座り込んで自分の願いを祈っています。しかし日本人は神社に参拝しても、そこまではやりません。最初はお願いするが、あとは神さまにお任せするという考えを日本人は持っています。これは外国人と比べてどっちがいいとかということではないですね。これが日本人の特性です。シンプルさのなかに真実を見出す日本人の良さだと思います。

滅びないために

――なるほど。シンプルが非常に美しいということがありますけれども、たとえば人間の努力とか、宮司さんもたくさん努力なさってきた方のように思いますけれど、そういった人間の努力というのは……。

努力というのはまた考え違いをしているんです。そんなふうにはこの世の中はなっていないということです。三十五億年、最初の単細胞から人間まで進化するのにどうやって進化したかということなんです。地球上にいろいろな大自然の変化があった。それに耐え抜いた生物だけが現在生きているわけでしょう。耐え抜かなかった生物は全部死んでいます。たとえば氷河期が来て、地球が冷えたとき、これを耐え抜いた生物が生き残っています。耐え抜くというと、おれは寒さなんかに負けるかと、自力でがんばった生物だと思われるでしょうが、そういった連中は全部滅びている。これは考え違いの努力です。努力というと、自分の力でやるのが努力だと思っている。こういう生物は全部現在はいない。

——滅びてしまった。

努力とはそういうことではないんです。いかに自分の我をなくして、自然の変化に順応するかということが本当の努力なんですね。そして順応した生物が進化するんです。だから寒さなら寒さに順応するように体を変えた生物、それが変えることによって進化していったんですね。

たとえばどういうことかというと、僕が昔学生のころ、ネズミの寒さに対する進化の研究でどこへ行ったかというと、中央市場の冷凍室です。牛肉とかを冷凍する大きい冷凍室があります。そのなかにネズミがいる。零下何十度というところに耐え抜いたネズミがいるんです。普通のネズミと耐え抜いたのとどう違うかを調べるから、そのネズミを捕ってこいと、教授から言われたんですね。いやだと思ったけれど、捕ってこいと言うから、防寒服を着て入って、ネズミを見た。恐ろしかったですね。ネズミって小さいものだと思うでしょう。ところが、ネコみたいなんです。栄養がいくらでもあるでしょう、肉がいっぱいある。厳寒に耐えるから毛がこんなにふさふさしている。体を変えているわけですね。寒いといって毛をはやさないで、がんばっていたら死ぬんです。そうではなくて、寒いのか、そうか、じゃあ、毛を長くしよう。これが順応なんです。それが努力なんです。努力というのは自分の力でやることと違います。我をなくして、いかに自然に順応していくかということが努力なんです。考え方の根底が違うんですね。

修行は神道にはないと言ったでしょう。修行というのは自分の力で無我になることです。神道はさせていただく。自力ではなくて、神の力で無我にさせていただくということです。これが本当なんです。順応するために自分の体を変えるわけです。それで進化する。マンモスや恐竜がなぜ一匹残らず死んだのか。あんなに大きくなると順応できないんですね。小回りがきかない。それで氷河期に全部滅びた。ところがゴキブリとか、そういう小さいのは簡単に順応するわけです。人間が滅びて次はゴキブリの時代が来るのではないかと思うぐらい、順応していくでしょう。ああいう生物は順応する力がものすごく強いんですね。

つまり、神が、地球に厳しい環境をわざとつくっている。それに順応した生物だけを生き残そうとしているのです。順応させることによって、さらに進化させようというのが自然の仕組みなんですね。それに立ち向かおうとか、そういう姿勢ではだめなんです。

だからオリンピックで金メダルを取るようなスポーツ選手もそうですね。見ていると順応した者が逆境を克服して伸びている。ストレートで行った者はほとんど金メダルを取ってはいません。途中でなんべんか挫折するような目に遭っている。それに順応して、乗り越えた者が世界一になっています。

――宮司さんはよく待つということの大切さをおっしゃっていますが。

ええ、待つということ。これがもう一つ大切な点なんです。いま言っている進化がそうなんですが、氷河期が来たら、寒さに耐えるように順応して、寒さがなくなるまで待つというのが原点なんです。だから順応プラス待つことができない生物は滅びている。いかに待つかということなんです。ところがこの頃の人間は待てない。

――我慢が足りない。

我慢できないですね。車に乗っても一台でも前に行こうとする。駅のエスカレーターでも一分も待っていられない。エスカレーターを駆け上がっていく。なんでもないみたいに見えるけれど、そのような人は滅びるんです（笑）。いや、本当なんです、冗談ごとではない。待とうとしない生物はみんな滅びているんです。

エレベーターに乗ってごらんなさい。階のボタンを押しておいて、必ずその上の、クローズ（閉じる）のボタンを押すでしょう。階のボタンを押せば、自然に閉まるようになっているのに、その何秒間かが待てない。必ず上のクローズのボタンを押す。上のボタンを押す人は滅びていく人です（笑）。これが宇宙の法則です。

――われわれはみんな滅びますか。

滅びますね（笑）。こんな話があります。医者がヨーロッパで学会があって、みんなで出掛けた。向こうの一流ホテルに泊まって、エレベーターに乗った。ところが、クローズというボタンがない。そうするとこれは日本より遅れているとみんなが笑ったというんです。日本にはクローズがあると、得意になって帰ってきた。今度は外国の医者が日本に来た。日本人は遅れている。クローズをつくっていると言ったというんですね。日本のほうが間違っていますね。待てないんですね。待てない人がいっぱいいるでしょう。

高速道路に乗っても追い抜くでしょう。どうぞお先へと言った人が生き残るわけです。急いで行ったのは滅びる（笑）。だから宇宙の法則、仕組みを知りなさいというんですね。

――宮司さんがおっしゃっているのは順応して、待つこと、感謝して待つことですね。

ええ、感謝を加えたら最高ですね。進化というのは順応して変わる。待つということが進化なんですからね。それに感謝があればいうことはありません。生かされている感謝、これが原則でしょう。それができたらほかはいらないですね。

――それを教えるのが神道である。

そういうことですね。それからもう一つ、共生ということが大切です。

共に生きるこころ

神道というのはもともと信仰ではありません。本来、日本人の生活、知恵をさして神道と言っていました。その特色の一つに、共生ということが挙げられます。日本人はすべてのものと共生するという見事な、共に生きるという考えを持っていたのです。これは世界でもまれなことです。今、地球の環境破壊、大気汚染を何とかしようと躍起になってやっていますが、それは外国のものの考え方では決して解決しません。人間の知恵で、人間の頭で考えて自然を回復させてやろうとしても、それでは永久に自然は回復しません。共生という考え方が根底になければ本当の自然は回復しないのです。自然と共に生きよう。人間の力で自然を回復するんじゃなくて、自然を生かしながら、同時に人間を生かす共生という考えなくして、一歩も進むことはできません。だから今こそ世界に向かって、この素晴らしい知恵をアピールする時だと私は確信しています。

——つまり自然と人間の共存ですね。

ええ。この共生の、素晴らしい見本が奈良です。奈良にはたくさんのシカがおり、人間と同じ空間で生活をしています。外国人が来てこれを目の当たりにするとだれもがびっくりします。外国でも公園があり、リスがいたり鳥が飛んでいたり、いろんな動物が飼われていたりします。そんなことはどこにでもありますけれど、だけど奈良では野生のシカが人間と共に生きている。共生を行なっているんです。こんなすごいことをよくも行なってきたものです。しかもこれは山奥ではなく、都会のど真ん中なのですからね。

たいていの日本人は、奈良のシカは人に慣れているから町のなかにもいるんだと思っていますが、それは間違いであって、シカが人に慣れているのではない。人間が長年にわたってシカと共に生活しようとしてきたから、そこにシカがいるんです。それが証拠に、お産が近づいたメスのシカを捕まえてシカ苑というところに入れて安全にお産ができるようにしていますが、係の人が捕まえにいくと、素早くその心を読んで逃げていきます。

二十年くらい昔でしょうか。ある地方の春日神社の願いで、奈良のシカを二十頭ほど寄付したことがありました。奈良のシカは人に慣れているから当然、神社の境内で生活するであろうと思いきや、シカを放したら、みんな山のなかに逃げていってしまった。それは、その土地の人がシカと共に生活することをしていないので、それを知ったシカは逃げてしまったんです。このように、奈良の人々は昔からシカと共に生活するという人間の素晴らしい原点を行なってきたのですね。

今、春日大社や東大寺はじめ奈良の伝統が世界遺産として認められるということになり日本人の生活こそ、日本人が世界に誇るべき文化遺産だと思っています。

——日本人の共生による生き方が大切であると。

何度も申しますが、私は、この共生という考えは日本の気候風土に育まれた、日本人独特のすごい生き方だと思っています。西欧の発想だと、こうは考えない。自然は人間の力で造り変えるものであると。登山で山を征服するという言葉に代表されるものの考え方ですから、日本的発想ではない。日本では、畑や田んぼを作っても、必ず森には神さまを祀って山の自然を残す。そして自然と共に生きていくという、そういう素晴らしい発想をもって行なってきたわけですね。これがないから、外国のものの考え方で、人間の力で造り変えて、自然環境を守ろうとするから守れない。やればやるほど自然破壊になってしまうんです。そうじゃなくて、必要なのは、日本の、本当の自然と共に生きるという素晴らしい発想です。これを全世界に知らせないといけません。

——日本人も変わってきました。

昔、日本の沿岸には魚を引き寄せる森がたくさんありました。木が茂っていると日光が遮られて絶好の隠れ場所となる日陰ができる。また、山に降った雨水は森に蓄えられ、一定の水量・水温を保ちながら流れ出す。その水に葉っぱの栄養分が溶け込んで河口へと流れ、その栄養分を食べようとして植物プランクトンが増え、魚はそれを好んで寄り集まってくる。こうして魚にとって住みやすい環境を作りだしていたのです。人々は豊かな森を維持することで魚を沿岸に集め、その魚を捕ることで生活を豊かにし、その魚の臓物を森の肥料にしてきたのです。これは自然の循環のシステムを知っていた日本人だからこそできる共生の姿でありました。

河口で繁殖した植物プランクトンというのは、地球上の炭酸ガスの三分の一を光合成によって分解しています。だから山の木を伐ると栄養が流れ出ないから、植物プランクトンが減って炭酸ガスが増えると。自然はこういうシステムになっていて、古来より日本人はこれに従った生活を行なってきたんです。けれど、今の日本人はこうした大切なことを見失ってしまっています。山や沿岸の木を伐る、河にダムを作る、海岸はコンクリートで固めるわで、魚は寄りつかず、結局、人間は自分で自分の首を絞めることになっています。人間の頭で考えた自然回復なんてやっても、自然は回復しないんです。今、原点に戻って、日本人が持っていた素晴らしい自然観を取り戻す必要があります。われわれの身体に宿る遺伝子のなかには、祖先からの記憶が入っていますから、もう一度これをよみがえらせて、本当にこの地球を救わなくてはなりません。今、地球を救えるのは日本人のこの自然観だけですね。これ以外で、地球を救える方法なんてありません。外国の唯物的なものの考え方ではもう地球は救えないと思います。

——本当に環境破壊が進んでいますね。

炭酸ガスが多量に出て地球温暖化につながるという。それは、もちろん排気ガスが原因の一つです。今の科学技術の産物で大気が汚染されています。そしてそのための対策がいろいろと検討されています。それはそれで結構なんですが、問題はその、根本のところを忘れていることです。

火星でも土星でも、周りの大気はほとんど炭酸ガスなんです。地球だけに酸素がある。地球も昔は炭酸ガスにおおわれていたんです。それが、どうして今のようになったかというと、水ができて、その水のなかに貝が誕生した。貝は何をやったかというと、貝殻を作るでしょう。貝殻は炭酸石灰でできている。つまり貝殻を作るためには多量の炭酸ガスが必要なんです。つまり貝が、大気中にある炭酸ガスをどんどん吸収したんですね。最初は貝のおかげなんです。そして炭酸ガスが少なくなったところで、今度は葉緑素を持った藻ができて、光合成によって酸素を作った。それで空気というものができたのです。それは今も変わりません。

——それが環境の原点のわけですね。

そういう原点を知らないで、貝を滅ぼしてしまったら、炭酸ガスが増えてしまいます。

そういう自然の仕組みを見ないで、自動車の排気ガスをなくそうとか、一方だけの西欧的なものの考え方だけではだめなんです。自然はそんなシステムにはなっていない。大自然の原点を見据えないと、間違った方向に流れていきますよ。

ダムでもそうですね。税金をダムを作るのに使わないで、ダムを壊すのに使ったほうがいいとだれかが言ってましたけれど、本当だと思います。栄養の水が、ダムで止まってしまうんですね。海に栄養の水が入っていかない。プランクトンが増えない。そうすると炭酸ガスが増える、というふうになっているのです。それから海の汚染があります。フランスが太平洋で水爆実験をやって、人体に影響がないとか、勝手な理屈をつけているけれど、冗談を言うなというんです。あれだけのものを爆発させたために、どれだけの貝が死んでいますか。そうした連鎖反応によって炭酸ガスがだんだんと増えてくるという現状です。こうしたことを世界中でやったらどうなりますかね。もう人間の頭で考えたって自然はよくならないのであって、まず本当の自然の仕組みというものを知ることが先決だと思います。そしてこれをやれるのは日本人ですよ。日本人よ、今こそ目覚めなさいと言いたくなりますね（笑）。

自然の本当の姿

――自然というか大宇宙の摂理というのは、水と何らかの関わりがあるのですね。

ええ、そのとおりです。水はすべての生命の根源となるもので、水に対して、人間がどう関わっていくかによって、この地球の運命が決まると言ってもいいでしょう。

そう、このごろは水が足りない、渇水だといいます。その原因といえば、やはり人間がやっているんです。人間が雨を少なくしているということです。水蒸気、雲はどうやってできるかという原点を忘れてしまっている。

これは単に海の水が水蒸気になって雲になる。こういう科学的な理屈ばかりで説明のつくものではないんですね。海の水はそんなものとは違うんですね。水というのは不思議なものです。先にも言いましたが、岩から水ができたんだけれど、どうやって岩から水ができたのかわからない。そのなかから生物が生まれた。どうやって生物が生まれたのかわからない。そこにはおそらく生物を生かす、もとのエネルギーがあったに違いない。そうでなければ生物が出てくるはずがない。そういうエネルギーを含んだものが水なんですね。

水というのはまか不思議なもので、どんなすがたかたちにもなる。なぜそうなるのか、最近になってわかってきたのは、水は分子がきちっとくっついていないということです。緩やかにくっついている。それでどんなかたちにもなるんですね。

日本の国というのは世界でも優秀な水の良い国、水のきれいな国であったのですね。しかし今やこの水が汚れてしまって、ミネラルウォーターを買わなきゃ水が飲めないという。日本の国はじまって以来、とんでもないことになったわけで、祖先に対して申しわけないと思うんですよ。これは、人間があまりにも利己的になって、なんでも理屈で考えて、自分のプラスになることばかりやってきた結果、こうなったわけですね。

ところで、最近は水の分子というものは、人の心によって変わるということがだんだんわかってきた。さっき言いましたように、健康な人の体の水はきれいで、病人の体の水は汚れているというのですけれど、湧き水も、神聖な場所から湧いてくる水というのは非常に分子の配列がきれいに整っています。ところが昔ここで戦争があって、たくさんの人が死んだというような場所から湧いてくる水というのは、調べてみると分子の配列が非常に乱れているということがわかってきたわけです。また水は、人間の心の動き、喜怒哀楽によっても、分子の配列が変わるということがわかってきたんですね。

ところでこの間、ある方が送ってこられた小さい冊子が目にとまりました。神社には毎日たくさんのところからいろいろな本が送られてくるわけですが、何の気なしに読んでみたら、びっくりしてしまいました。その方は水のいろんな研究をしているわけですが、最高の水があるということがわかったというのですね。その水はどういうものかというと、人間の生命のエネルギーを最高に発揮させる水がある。怪我しても速やかにその怪我を治す水、ばい菌が体に入っても、即座にそのばい菌を殺してしまうような免疫力を高める、そういうすごい水があることがわかってきた。その水をゼロウォーターというそうです。ゼロの水という難しい数式が書いてあって、それを検査していくとゼロになるということだそうですが、そうした最高の活性水があることがわかってきて、これを飲めば人間は健康だけではなくて、すごい活力を得て、健康と幸せの生活ができるという。どこにあるのかということで、ずっと天然に湧いた水を調べたそうです。そうすると昔からある神社から湧いてくる、いわゆる御神水、御霊水といわれるものがこのゼロウォーターに該当したそうです。これは偶然だろうかと書いてあったんです。これを読んで、改めて日本人はすごいなと思いました。

いろいろと考えていくと雨も風も何もかも、気象状態も人間の心によって、影響を受け変わる可能性があるということなんですね。単なる太陽の光で海の水が蒸発する。そんなものとは違うんです。だから人間の心が乱れると、水の分子が乱れるから、気象状況が変わって旱魃にも、豪雨にもなり、人間の心が調和すれば、ちゃんと適当に雨も降ってくれるということにつながると思うのです。つまり人間の心を調和させるということが原点なんです。これをめちゃくちゃの利己主義的なことをやるから、異常気象で雨が降らないで、水が足りなくなったりするでしょう。そのためにダムをつくるわけです。ダムをつくると栄養分が来ないから、プランクトンがいなくなる。そうすると炭酸ガスが減らない。こんな悪循環をやっているんです。

そういうことではなくて、人間の心が整ったら、気象も整うということです。雨も適当に降ってくれる。これなんですね。すべての原点は人間の心なんです。

――人の心を整えるということが、一番大事であると。

それをやらない限り気象は整わない。天気予報で低気圧がどうだとか、高気圧がどうのこうのと予想しているけれど、近頃の異常気象についてはなぜああなるのかということは、科学的に説明し切れないですね。人間の心が大いに関連していると私は思っています。

――人間の心を整えるには……。

自然の本当の姿を見るということでしょう。いま言ったように人間は進化の過程にあって、生き残るというのは順応することです。待つこと、感謝することが大事です。生かされていることに気づくことです。自然の本当の姿を人間は知らなければなりません。

今は理屈があまりにも多すぎます。これでは神さまは出てこられない。だから理屈を抜いて、廃して、本当の世界というか、大宇宙の摂理を見なければいけません。切実に今、その時だと思います。これまで、人間は自分の利益になることばかり考えてここまで来てしまいました。科学を信じる、正しいと言うけれど、人間の幸せを考えて発達した科学が、いま大気汚染や、大変な地球破壊まで引き起こしてきているでしょう。どこか間違っているんです。科学が正しかったら、いまはみんな幸せになっているはずなのに、現実はだんだんと生活しにくい世の中になってきているでしょう。これは本当のことをみんな忘れてしまったからですね。いっぺん理屈を捨てて、真実の感謝の心でもって、本当の世界、理屈を超えた世界を感じることが必要です。自然の本来にたちもどりなさいと。そうしたらこの世の中はよくなりますよ、ということなんです。人間社会が、世の中が幸せになるとか、そういうことだけの問題ではなくて、人間の心が変われば、自然も宇宙もすべて変わるということでもあるんです。

著者略歴◎葉室頼昭（はむろ　よりあき）
1927年、東京生まれ。学習院初・中・高等科をへて、大阪大学医学部卒業。大阪大学医学部助手、大阪市大野外科病院長などをへて、1968年、葉室形成外科病院を開業。医学博士。1991年、神職階位・明階を取得。枚岡神社宮司をへて、1994年、春日大社宮司。1999年、階位・浄階、神職身分一級を授与さる。2009年、逝去。
著書に、『〈神道〉のこころ』『神道と日本人』『神道 見えないものの力』『神道〈いのち〉を伝える』『神道〈徳〉に目覚める』『神道 夫婦のきずな』『神道と〈うつくしび〉』『神道と〈ひらめき〉』『神道〈はだ〉で知る』『神道 感謝のこころ』『神道 いきいきと生きる』『神道 心を癒し自然に生きる』『ＣＤブック 大祓 知恵のことば』『神道 おふくろの味』（以上、春秋社）『御力』（世界思想社）『にほんよいくに』（冨山房）など多数。

〈神道〉のこころ
一九九七年十月十五日　初　版第一刷発行
二〇一三年九月二十日　新装版第一刷発行
二〇二〇年四月三十日　新装版第六刷発行
著　者　葉室頼昭
発行者　神田　明
発行所　株式会社　春秋社
東京都千代田区外神田二-一八-六
〒一〇一-〇〇二一
電話〇三-三二五五-九六一一
振替〇〇一八〇-六-二四八六一
https://www.shunjusha.co.jp/
印刷所　萩原印刷株式会社
装　丁　美柑和俊
定価はカバー等に表示してあります

ISBN 978-4-393-29931-9